高等职业院校汽车类技能型人才培养实用教材

汽车发动机机械系统构造与检修

主　编　杜子文

副主编　刘明来　林绍莉

西南交通大学出版社

·成　都·

图书在版编目（CIP）数据

汽车发动机机械系统构造与检修 / 杜子文主编. —
成都：西南交通大学出版社，2016.1（2021.7 重印）
高等职业院校汽车类技能型人才培养"十三五"规划
教材
ISBN 978-7-5643-4356-9

Ⅰ. ①汽… Ⅱ. ①杜… Ⅲ. ①汽车 – 发动机 – 机械系
统 – 构造 – 高等职业教育 – 教材②汽车 – 发动机 – 机械系
统 – 车辆修理 – 高等职业教育 – 教材 Ⅳ. ①U472.43

中国版本图书馆 CIP 数据核字（2015）第 250324 号

高等职业院校汽车类技能型人才培养实用教材

汽车发动机机械系统构造与检修

主编 杜子文

责 任 编 辑	李 伟
特 邀 编 辑	张芬红
封 面 设 计	何东琳设计工作室
出 版 发 行	西南交通大学出版社
	（四川省成都市金牛区二环路北一段 111 号
	西南交通大学创新大厦 21 楼）
发行部电话	028-87600564　028-87600533
邮 政 编 码	610031
网 址	http://www.xnjdcbs.com
印 刷	成都蓉军广告印务有限责任公司
成 品 尺 寸	185 mm × 260 mm
印 张	16.75
字 数	418 千
版 次	2016 年 1 月第 1 版
印 次	2021 年 7 月第 2 次
书 号	ISBN 978-7-5643-4356-9
定 价	39.00 元

前　言

随着汽车工业的快速发展，作为汽车"心脏"的发动机，其结构越来越复杂，性能越来越优越。在使用过程中，对发动机的使用、维护、检测、故障诊断和维修要求越来越高，发动机的维修能力已成为汽车维修类人才能力评价的重要方面。为适应高职人才的培养，传授适用知识与技能，本教材在编写过程中以应用型技术人才为主要培养目标，遵循以职业能力培养为中心，以职业能力形成的逻辑过程为主线，理论与实践融合，注重培养"理论基础扎实、专业知识面广、实践能力强、综合素质高"的应用型人才。

本教材的主要特点如下：第一，立足汽车发动机机械系统检修能力的培养，突出实用理论对实践的指导，在强化技能的同时，引导学生扩展知识，养成持续学习的能力；第二，注重汽车市场职业岗位对人才知识、能力的要求，力求与相应的职业资格标准衔接，在教材中引入行业标准，并较多地反映了新知识、新技术、新工艺、新方法、新材料的内容，每个学习项目按照基本知识、基本技能、拓展知识、学习小结、任务分析、自我评估这一思路进行编排，突出理、实一体化的教学模式，重在检修能力的培养；第三，在内容选择上，以成熟、在用的结构和方法为主，淘汰陈旧知识，使教材内容具有实用性和宽广性；第四，选用的基本车型具有代表性，力争做到所介绍汽车的先进结构与国内汽车发展保持同步。

全书共 6 个项目模块、17 个工作任务，内容主要包括发动机总体构造认知及发动机拆装与检修基本技能；机体组检修、活塞连杆组检修、曲轴飞轮组检修及曲柄连杆机构典型故障诊断；气门传动组检修、气门组检修及配气机构典型故障诊断；冷却系统结构组成认知、冷却系统检修及冷却系统典型故障诊断；润滑系统结构组成认知、润滑系统检修及润滑系统典型故障诊断；发动机吊装及发动机竣工验收。

本教材不仅可作为高等职业院校三年制汽车检测与维修技术专业的教材，也可作为两年制同类专业及中等职业学校同类专业课程的教材；另外，汽车维修企业可选用此教材对技术人员进行培训，也可供汽车维修技术人员参考。

本教材由杜子文担任主编，并对全书进行组织、策划、统稿；刘明来、林绍莉担任副主编。

在本教材编写过程中，参考了相关著作和文献资料，在此一并向相关作者和文献资料的提供者表示真诚的感谢。

本教材有配套电子教案，选用《汽车发动机机械系统构造与检修》作为授课教材的院校和老师，可电话索取。

由于编者水平有限，加之时间仓促，书中不足之处在所难免，敬请读者批评指正。

编　者
2015 年 8 月

目 录

学习项目一　汽车发动机总体构造认知

本学习项目主要学习汽车发动机总体构造认知，分为2个工作任务：工作任务一为发动机总体构造认知；工作任务二为发动机拆装与检修基本技能。通过2个工作任务的学习，掌握发动机总体构造的认识以及发动机拆装与检修的基本技能，为发动机的检修学习和工作奠定基础。

工作任务一　发动机总体构造认知

■任务情境

一、任务描述

一辆丰田卡罗拉 GL 型轿车，已经快到年审日期，客户要求代办年审手续。你的主管安排你对发动机外观进行检查，并要求拓印发动机号码，你能完成吗？

二、任务提示

完成本任务，需要对发动机的基本结构组成以及各系统的功用有完整的认识。因此，我们必须先学习发动机的总体构造。

■任务目标

一、知识目标

（1）能描述发动机的类型；
（2）能描述发动机的常用术语；
（3）能描述发动机总体结构的组成及功用；
（4）能描述发动机的基本工作原理。

二、能力目标

（1）能识别发动机的分类；
（2）能识别发动机各机构组成和系统，并对其功能是否正常做出判断；
（3）能拓印车架、发动机的号码，供车辆年审使用。

必备知识

一、基本知识

汽车的动力源是发动机，发动机是把某一种形式的能量转变成机械能的机器。汽车所使用的发动机多为内燃机。内燃机是把燃料燃烧的化学能转变成热能，然后又把热能转变成机械能的机器。汽车上使用的内燃机主要有汽油发动机和柴油发动机。

1. 发动机分类

发动机的分类方法很多，按照不同的分类方法可以把发动机分成不同的类型。

（1）按照所用燃料分类。根据发动机所用燃料的不同可分为：汽油发动机和柴油发动机等，如图 1-1-1 所示。

（a）汽油发动机　　　　　　　（b）柴油发动机

图 1-1-1　汽油机与柴油机

（2）按照冲程（又称行程）分类。根据发动机冲程的不同可分为：二冲程发动机和四冲程发动机。在发动机工作过程中，每一次将热能转化成机械能，都经过可燃混合气体的进气、压缩、做功、排气这样一系列连续的过程，这称为发动机的一个工作循环。凡活塞往复 4 个单程完成一个工作循环的称为四冲程发动机；而两个单程即完成一个工作循环的则称为二冲程发动机，如图 1-1-2 所示。目前大多数发动机都采用四冲程发动机，即曲轴转两圈（720°），活塞上下往复运动 4 个冲程，对外做功 1 次，完成一个工作循环。

（a）四冲程　　　　　　　　　（b）二冲程

图 1-1-2　四冲程与二冲程发动机

（3）按照气缸排列方式分类。根据气缸排列方式的不同可分为：直列式、V 形、W 形、水平对置式，如图 1-1-3 所示。

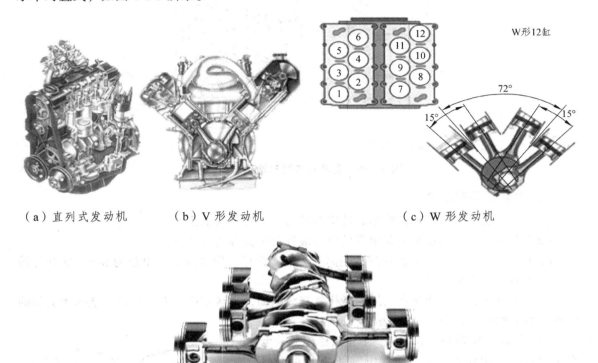

（a）直列式发动机　　　（b）V 形发动机　　　　　（c）W 形发动机

（d）水平对置式发动机

图 1-1-3　各类型发动机

（4）按照冷却方式分类。根据冷却方式的不同可分为：水冷型和风冷型，如图 1-1-4 所示。

（a）水冷型　　　　　　（b）风冷型

图 1-1-4　水冷型与风冷型发动机

（5）按照点火方式分类。根据点火方式的不同可分为：点燃式和压燃式（柴油机）。

（6）按照有无增压器分类。根据有无增压器可分为：自然吸气型和增压型，如图 1-1-5 所示。

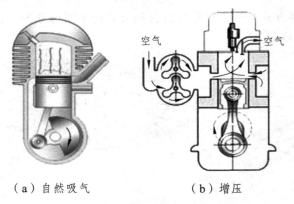

（a）自然吸气　　　　　　　　（b）增压

图 1-1-5　自然吸气型与增压型发动机

2. 发动机基本术语

（1）上止点：活塞顶距离曲轴旋转中心最远的位置称为上止点。

（2）下止点：活塞顶距离曲轴旋转中心最近的位置称为下止点。

（3）活塞行程：上、下止点间的距离称为活塞行程，用 S 表示，单位为 mm。曲轴每转一周，活塞完成两个行程。

（4）燃烧室容积：活塞在气缸内做往复直线运动，当活塞位于上止点时，活塞顶上部的气缸空间为燃烧室容积，用 V_c 表示。

（5）气缸工作容积：活塞从一个止点移到另一个止点所扫过的容积称为气缸工作容积，用 V_h 表示，单位为 L，如图 1-1-6 所示。

（6）气缸总容积：活塞位于下止点时，活塞顶上部的全部气缸容积称为气缸总容积，用 V_a 表示，即

$$V_a = V_c + V_h$$

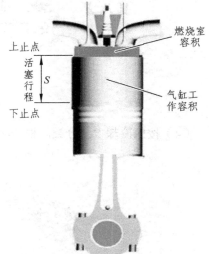

图 1-1-6　发动机基本术语示意图

（7）发动机排量：多缸发动机所有气缸工作容积的总和称为发动机排量，用 V_L 表示，单位为 L。

$$V_L = V_h \times i$$

式中　i——发动机的气缸数。

我们平时看到的汽车排量，都标示为 1.6 L、2.0 L、2.4 L 等。其实气缸是个圆柱体，不太可能正好是整升数的，如 1 998 mL、2 397 mL 等数字，可以近似标示为 2.0 L、2.4 L。

（8）压缩比：气缸总容积与燃烧室容积之比称为压缩比，用 ε 表示。

$$\varepsilon = V_a/V_c = 1 + V_h/V_c$$

ε 表示活塞从下止点移到上止点时，气缸内气体被压缩的程度，汽油机一般为 7～12，柴油机一般为 16～22。

压缩比表示发动机混合气体被压缩的程度，以气缸总容积与压缩后的气缸容积（即燃烧室容积，燃烧室容积是指活塞位于上止点时，其顶部与气缸盖之间的容积）之比来表示。

3. 发动机基本工作原理

发动机能产生动力其实是源于气缸内的"爆炸力"，如图 1-1-7 所示。在密封气缸燃烧室内，火花塞将一定比例的汽油和空气的混合气体在合适的时刻里瞬间点燃，就会产生一个巨大的爆炸力，而燃烧室的顶部是固定的，巨大的压力迫使活塞向下运动，通过连杆推动曲轴旋转，再通过一系列传动机构把动力传递到驱动轮上，最终推动汽车运动。

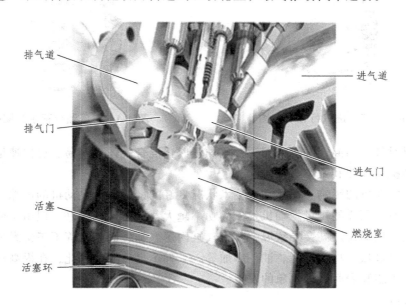

排气道　　　　　　　　　　　进气道

排气门　　　　　　　　　　　进气门

活塞　　　　　　　　　　　　燃烧室

活塞环

图 1-1-7　混合气体在气缸内的"爆炸"瞬间

（1）四冲程汽油机的工作原理。

四冲程发动机每个工作循环包含进气行程、压缩行程、做功行程和排气行程。

① 进气行程。

曲轴带动活塞从上止点向下止点运动，此时进气门开启，排气门关闭，活塞上方的气缸容积增大，从而气缸内压力降到大气压以下，即在气缸内造成真空吸力，如图 1-1-8 所示。经滤清的空气与喷射出的汽油形成的可燃混合气便经进气管道和进气门被吸入气缸，在这个过程中，曲轴转过了 180°，活塞从上止点到达下止点。由于进气系统有阻力，进气终了时气缸内气体压力为 0.075 ~ 0.09 MPa。

流进气缸内的可燃混合气，因为与气缸壁、活塞顶等高温机件表面接触并与前一循环留下的高温残余废气混合，所以温度可升高到 370 ~ 440 K。

② 压缩行程。

活塞在曲轴的带动下从下止点向上止点运动，进、排气门关闭，气缸内容积逐渐减小，可燃混合气被压缩，直到活塞到达上止点时结束，如图 1-1-9 所示。压缩终了时，混合气压力高达 0.6 ~ 1.2 MPa，温度可达 600 ~ 850 K。

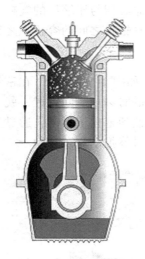

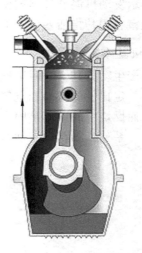

图 1-1-8　进气行程示意图　　　　　　　　图 1-1-9　压缩行程示意图

为什么要对气缸的混合气体压缩呢？这样可以让混合气体更容易、更快速地完全燃烧，从而提高发动机的性能和效率。

压缩比对发动机的影响：在发动机技术状况良好的情况下，发动机的压缩比越大，则混合气燃烧越迅速，同样的排量发动机发出的功率越大，经济性就越好。但由于受汽油抗爆性等因素的影响，压缩比过高会导致混合气在气缸内爆燃和表面点火等不正常燃烧现象出现，从而造成发动机过热、功率下降、油耗增加等一系列不良后果。因此，在提高汽油机压缩比时，必须防止爆燃和表面点火现象的发生。

③ 做功行程。

在压缩行程接近终了时，火花塞产生电火花点燃混合气，此时进、排气门仍关闭，如图 1-1-10 所示。由于混合气迅速燃烧，使气缸内气体的温度和压力迅速升高，最高压力可达 5 MPa，最高温度可达 2 200 ~ 2 800 K。在高温高压气体的作用力推动下，活塞从上止点向下止点运动，活塞的下移通过连杆使曲轴旋转运动，产生转矩而做功。输出的机械能，除了用于维持发动机本身继续运转外，其余即用于对外做功。此时曲轴又转过 180° 曲轴转角。

④ 排气行程。

在做功行程终了时，排气门打开，进气门仍关闭，因废气压力高于大气压而自动排出，此外，当活塞越过下止点上移时，还靠活塞的推挤作用强制排气，如图 1-1-11 所示。活塞到达上止点，排气行程结束。排气终了时，气缸内压力为 0.105 ~ 0.115 MPa，温度为 900 ~ 1 200 K。

综上所述，四冲程汽油发动机经过进气、压缩、做功、排气 4 个行程，完成一个工作循环。这期间活塞在上下止点间往复移动了 4 个行程，相应地曲轴旋转两圈（720°），进、排气门各打开一次，发动机有一次做功。至此，发动机完成一个工作循环，接着又开始下一个新工作循环。

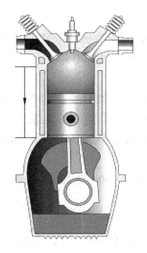
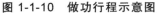
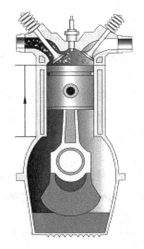

图 1-1-10　做功行程示意图　　　　　图 1-1-11　排气行程示意图

　　由于在这 4 个行程中只有一个行程对外做功，其他 3 个行程都要消耗能量，所以发动机需要一个大惯量的飞轮来储存能量，在不做功的行程带动曲轴旋转。

　　（2）四冲程柴油机的工作原理。

　　四冲程柴油机和四冲程汽油机的工作原理相似，每个工作循环也经历进气行程、压缩行程、做功行程、排气行程这 4 个行程，如图 1-1-12 和图 1-1-13 所示。但气缸在进气行程中吸入的是纯空气，在压缩行程接近终了时高压柴油成雾状喷入气缸，那些细小的油雾与空气中的氧接触，经过一个复杂的物理化学过程自己着火燃烧，气缸内压力和温度急剧升高，推动活塞下行做功。

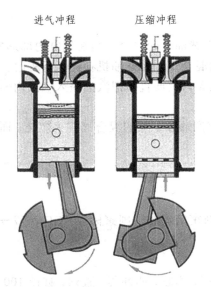

图 1-1-12　柴油机工作原理示意图（一）　　　　　图 1-1-13　柴油机工作原理示意图（二）

　　① 进气行程。

　　其进气行程不同于汽油机的是进入气缸的不是可燃混合气，而是纯空气。

② 压缩行程。

其压缩行程不同于汽油机的是压缩的是纯空气，且由于柴油机压缩比高，压缩终了的温度和压力都比汽油机高，压力可达 3~5 MPa，温度可达 800~1 000 K。

③ 做功行程。

其做功行程与汽油机有很大不同，在柴油机压缩行程末，高压柴油经喷油器呈雾状直接或间接喷入气缸内的高温空气中，由于此时气缸内的温度远高于柴油的自燃温度（约 500 K），柴油便迅速自行着火燃烧，且此后一段时间内边喷油边燃烧，气缸内压力、温度急剧升高，推动活塞下行做功。

此行程中，瞬时压力可达 5~10 MPa，瞬时温度可达 1 800~2 200 K，做功行程终了时压力为 0.2~0.4 MPa，温度为 1 200~1 500 K。

④ 排气行程。

其排气行程与汽油机基本相同。排气终了气缸内压力为 0.105~0.125 MPa，温度为 800~1 000 K。

（3）四冲程发动机的工作特点。

① 每一个发动机工作循环，曲轴转两周（720°），每一个行程曲轴转半周（180°），进气行程时进气门开启，排气行程时排气门开启，其余两个行程进、排气门均关闭。

② 4 个行程中，只有做功行程产生动力，其他 3 个行程是为做功行程做准备工作的辅助行程，虽然做功行程是主要行程，但其他 3 个行程也必不可少。因此，进气行程、压缩行程和排气行程被称为"辅助行程"。

③ 在发动机运转的第一循环时，必须有外力使曲轴旋转完成进气、压缩行程，着火后，完成做功行程，并依靠曲轴和飞轮储存的能量便可自行完成以后的行程，以后的工作循环发动机无需外力就可自行完成。

（4）柴油机与汽油机的不同之处。

① 汽油机的混合气通常是在气缸外部形成的，而柴油机的混合气是在气缸内部形成的。汽油机在进气行程时，被吸入的通常是汽油和空气的混合气，而柴油机在进气行程时，被吸入气缸内的是纯空气（现在很多发动机制造厂商都在大力发展直接把汽油喷入气缸内燃烧的发动机技术）。

② 汽油机在压缩终了时，靠火花塞强制点火，使汽油和空气的混合气着火燃烧；而柴油机则靠柴油微滴在气缸内吸收热量自行着火燃烧。

4. 发动机型号

（1）汽车发动机型号标准。

国家于 1988 年对内燃机名称和型号编制方法重新审定颁布了国家标准（GB 9417—88）。如图 1-1-14 所示。

型号编制示例如下：

汽油机：EQ6100-1——表示东风汽车工业公司生产，六缸，四冲程，直列，缸径 100 mm，水冷，第一种类型产品。

柴油机：CA6110——表示第一汽车集团公司生产，六缸，四冲程，直列，缸径 110 mm，水冷，基本型。

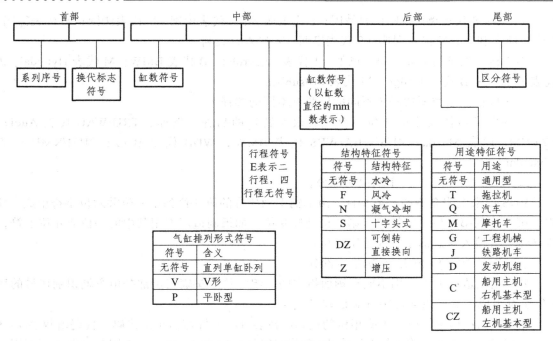

图 1-1-14 发动机编号规定

（2）车辆识别码（VIN）。

VIN 是英文 Vehicle Identification Number（车辆识别码）的缩写。VIN 码由 17 位字符组成，所以俗称十七位码。

VIN 包含了车辆的生产厂家、生产年份、车型、车身形式及代码、发动机代码及组装地点等信息。VIN 的每位代码代表着汽车的某一方面信息参数。按照识别代号编码顺序，从 VIN 中可识别出该车的生产国家、制造公司、生产厂家、车的类型、品牌名称、车型系列、车身形式、发动机型号、车型年款、安全防护装置型号、检验数字、装配工厂名称和出厂顺序号码等。如图 1-1-15 所示，VIN 由三部分组成，即制造厂识别代号（WMI）、车辆说明部分（VDS）和车辆指示部分（VIS）。

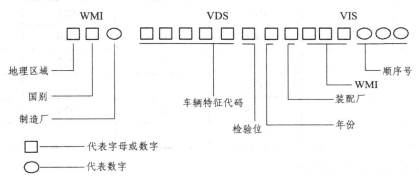

图 1-1-15 VIN 组成

① WMI（1～3 位）：制造厂识别代号。

第 1 位：生产国家代码。例如，1 代表美国；2 代表加拿大；3 代表墨西哥；4 代表美国；

J代表日本；S代表英国；K代表韩国；T代表瑞士；L代表中国；V代表法国；W代表德国；6代表澳大利亚；Y代表瑞典；9代表巴西；Z代表意大利。

第2位：汽车制造商代码。例如，1代表Chevrolet；B代表BMW；M代表Hyundai；2代表Pontiac；B代表Dodge；M代表Mitsubishi。

第3位：汽车类型代码（不同的厂商有不同的解释）。

有些厂商可能使用前3位组合代码表示特定的品牌。例如，TRU/WAU代表Audi；1YV/JM1代表Mazda；4US/WBA/WBS代表BMW；WDB代表Benz；2HM/KMH代表Hyundai。

② VDS（4～9位）：车辆说明部分。

VDS用来说明车辆的一般特性，由车辆识别代号的第4位到第9位共六位字符组成。其中，第4位到第8位是特征位，第9位是校验位。如果制造厂不用其中的一位或几位字符，应在该位置填入选定的字母或数字占位。

③ VIS（10～17位）：车辆指示部分。

VIS是制造厂为了区别不同车辆而指定的一组字符。车辆指示部分由车辆识别代号的后8位字符组成，其最后4位字符应是数字。

第10位：车型年份，表明年份的代码应按表1-1-1推荐的年份代码。代码由数字1～9以及字母A～Y组成（数字的0以及26个英文字母中的I、O、Q、U、Z因容易混淆而不用）。

第11位：车辆装配厂。

第12～17位：顺序号。

表1-1-1　汽车VIN年份代码

年份	代码	年份	代码	年份	代码
2001	1	2011	B	2021	M
2002	2	2012	C	2022	N
2003	3	2013	D	2023	P
2004	4	2014	E	2024	R
2005	5	1015	F	2025	S
2006	6	2016	G	2026	T
2007	7	2017	H	2027	V
2008	8	2018	J	2028	W
2009	9	2019	K	2029	X
2010	A	2020	L	2030	Y

④ 车辆VIN码标牌的位置。

除摩托车和挂车外，标牌应固定在门铰链柱、门锁柱或与门锁柱接合的门边之一的柱子上，接近于驾驶员座位的地方，如果没有这样的地方可利用，则固定在仪表板的左侧，如图1-1-16所示。

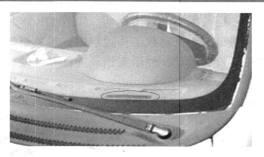

图 1-1-16　VIN 码标牌位置

二、基本技能

1．发动机总体构造

　　发动机是一部由多个机构和系统组成的复杂机器（见图 1-1-17）。一般四冲程汽油发动机由曲柄连杆机构、配气机构、燃油供给系统、润滑系统、冷却系统、点火系统、起动系统、进排气系统组成。

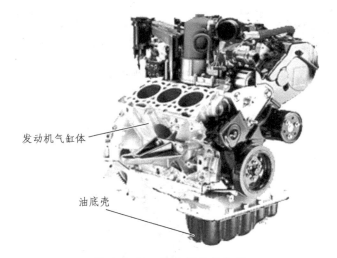

发动机气缸体

油底壳

图 1-1-17　发动机总体构造

2．发动机各系统构造

以下介绍发动机各个系统的构造。

（1）准备工作。

① 防护装备：工作服、工作帽、手套、劳保鞋。

② 车辆、台架、总成：发动机总成（解剖）或其他同类发动机。

③ 手工工具：拆装工具一套。

④ 辅助材料：抹布、手套等。

（2）实施步骤。

① 曲柄连杆机构。

曲柄连杆机构将燃料燃烧时产生的热能转变为活塞往复运动的机械能，再通过连杆将活塞的往复运动变为曲轴的旋转运动而对外输出做功。如图 1-1-18 所示，曲柄连杆机构由机体组、活塞连杆组和曲轴飞轮组组成。发动机工作过程中，燃料燃烧产生的气体压力直接作用在活塞顶上，推动活塞做往复直线运动，经活塞销、连杆和曲轴，将活塞的往复运动转换为曲轴的旋转运动。

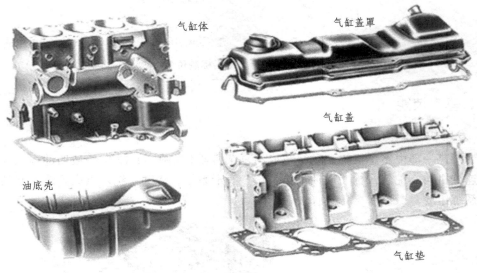

气缸体　气缸盖罩　气缸盖　油底壳　气缸垫

（a）发动机机体组

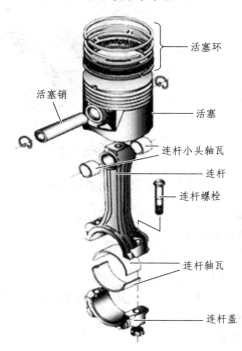

活塞环　活塞销　活塞　连杆小头轴瓦　连杆　连杆螺栓　连杆轴瓦　连杆盖

（b）发动机活塞连杆组

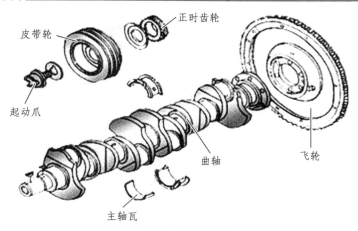

（c）曲轴飞轮组

图 1-1-18 发动机曲柄连杆机构组成

② 配气机构。

配气机构按照发动机各缸的做功次序和每一缸工作循环的要求，适时地将各缸进气门与排气门打开或关闭，以保证新鲜可燃混合气（汽油机）或空气（柴油机）及时进入气缸，并把燃烧后的废气排出气缸，如图 1-1-19 所示。

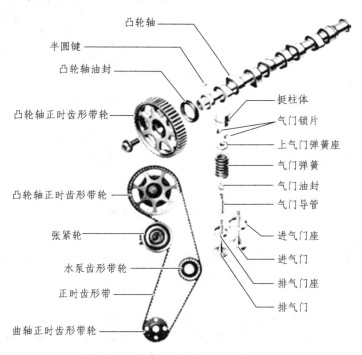

图 1-1-19 发动机配气机构组成

配气机构由气门组和气门传动组组成。

a. 气门组：主要由气门、气门导管、气门弹簧、气门弹簧座、气门油封和气门锁片等组成，其作用是开启和封闭进、排气道，如图 1-1-20 所示。

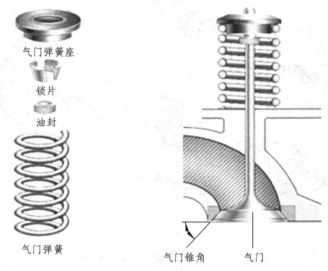

气门弹簧座

锁片

油封

气门弹簧

气门锥角　气门

图 1-1-20　发动机气门组

b. 气门传动组：主要由凸轮轴正时齿轮、凸轮轴、挺柱、推杆、摇臂总成等组成，其作用是使进、排气门按规定的时刻开闭，如图 1-1-21 所示。

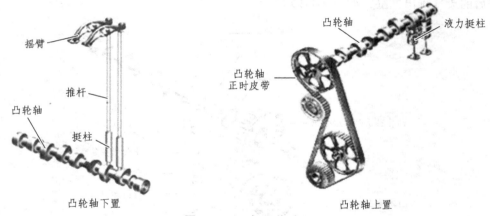

摇臂

推杆

凸轮轴

挺柱

凸轮轴下置

凸轮轴

凸轮轴
正时皮带

液力挺柱

凸轮轴上置

图 1-1-21　气门传动组

③ 起动系统。

汽车起动系统的作用是将蓄电池的电能转化为机械能，驱动发动机飞轮旋转，实现发动机在自身动力作用下继续运转，如图 1-1-22 所示。

④ 点火系统。

在汽油机中，能够按时在火花塞电极间产生火花的全部零部件称为点火系统。点火系统的基本功用是在发动机各种工况和使用条件下，在气缸内适时、准确、可靠地产生电火花，以点燃可燃混合气，使发动机做功。点火系统应在发动机各种工况和使用条件下保证可靠而准确地点火，点火系统应满足以下基本条件：

a. 能产生足以击穿火花塞两电极间隙的电压。

b. 电火花应具有足够的点火能量。

c. 点火时刻应与发动机的工作状况相适应。

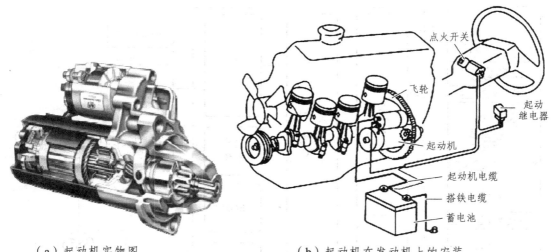

（a）起动机实物图　　　　　　　　（b）起动机在发动机上的安装

图 1-1-22　起动系统组成

传统点火系统主要由电源（蓄电池和发电机）、点火线圈、分电器、火花塞、点火开关和附加电阻等部件组成，如图 1-1-23 所示。

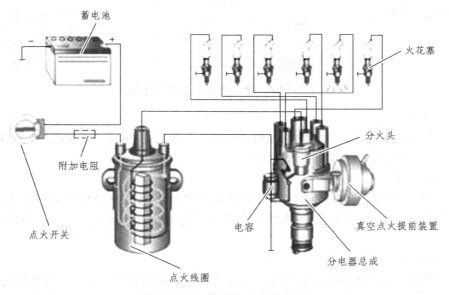

图 1-1-23　传统点火系统组成

微机控制点火系统主要由电源（蓄电池和发电机）、点火开关、传感器、各种控制开关、电控单元 ECU、点火控制器、点火线圈以及火花塞等部件组成，如图 1-1-24 所示。

a. 传感器和控制开关。

传感器信号主要是用来检测与点火有关的发动机工作状况信息，并将检测结果输入电控单元 ECU，作为计算和控制点火时刻的依据；而各种控制开关信号则用于修正点火提前角。传感器和各种控制开关主要包括空气流量计、曲轴位置传感器、冷却液温度传感器、节气门位置传感器、车速传感器、空调开关和空挡启动开关等。

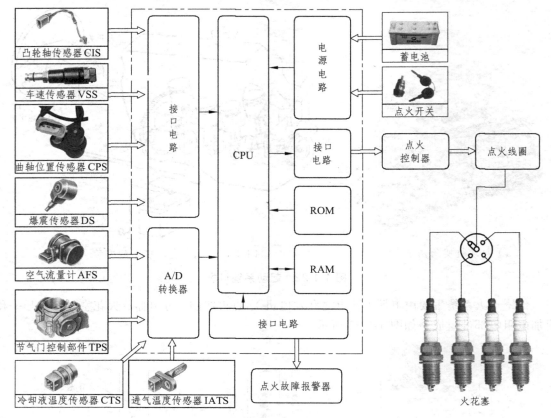

图 1-1-24 微机控制点火系统组成

　　b. 电控单元 ECU。

　　微机控制点火系统是发动机集中控制系统的一个子系统,电控单元 ECU 既是燃油喷射控制系统的核心，也是点火控制系统的核心。

　　c. 点火控制器。

　　点火控制器又称点火电子组件、点火器或功率放大器，是微机控制点火系统的功率输出极，它接收电控单元 ECU 输出的点火控制信号并进行功率放大，以便驱动点火线圈工作。

　　⑤ 燃油供给系统。

　　汽油机燃油供给系统的功用是将空气与雾化后的汽油充分混合后，形成可燃混合气，提供给发动机并对可燃混合气的供给量及其浓度进行有效控制，使发动机在各种工况下都能连续、稳定运转。汽油机燃油供给系统分为化油器式燃油供给系统和电控汽油供给系统两大类，前者已经不再采用。

　　电控汽油供给系统由燃油箱、电动汽油泵、汽油滤清器、进油管、油轨、油压调节器、喷油器、回油管等组成，如图 1-1-25 所示。

　　柴油机燃油供给系统的功用是根据柴油机的工作要求，定时、定量、定压地将雾化良好的柴油以一定的要求喷入气缸内，并使这些燃油与空气迅速地混合和燃烧。

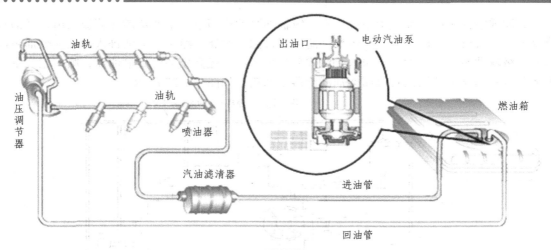

图 1-1-25　电控汽油供给系统组成

　　传统柴油机燃油系统如按结构形式来分，可分为直列柱塞式喷油泵和分配式喷油泵两大类。直列柱塞式喷油泵的柴油供给系统，在输油泵的作用下，柴油从燃油箱被吸出，经过油水分离器去除柴油中的水分，由输油泵加压，经柴油滤清器过滤。过滤干净后的柴油进入柱塞式油泵提高压力，再经高压油管送到喷油器，以一定的速率、射程和喷雾锥角喷入燃烧室。多余和泄漏的柴油从回油管流回柴油滤清器或油箱，如图 1-1-26 所示。

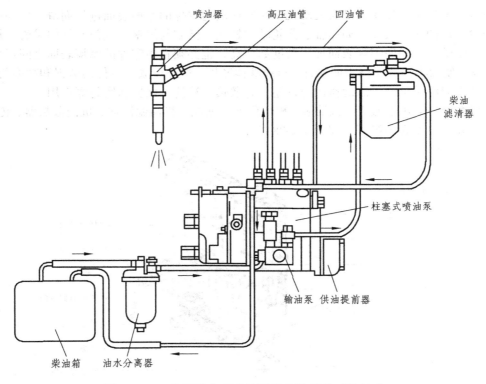

图 1-1-26　直列柱塞式喷油泵的柴油供给系统组成

　　分配式喷油泵的柴油供给系统，在一级输油泵的作用下，柴油从燃油箱被吸出，经油水分离器分离去柴油中的水分，再经柴油滤清器过滤。过滤干净后的柴油进入分配式喷油泵内部的二级输油泵提高压力，再送入分配式喷油泵增压，经高压油管到喷油器，喷入燃烧室。多余和泄漏的柴油从回油管流回柴油滤清器或油箱，如图 1-1-27 所示。

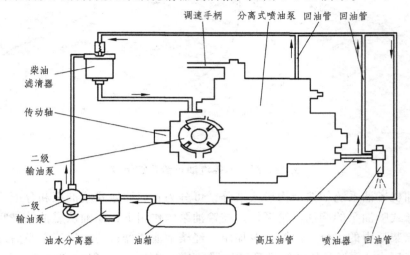

图 1-1-27　分配式喷油泵的柴油供给系统组成

⑥ 润滑系统。

　　润滑系统的主要作用就是对发动机中相对运动的零件的摩擦表面进行润滑。发动机工作时，相对运动的零件很多，如曲轴、凸轮轴与轴瓦，活塞与缸壁，气门与气门导管，挺柱、摇臂与凸轮轴等。即使零件表面加工精度如何高，也必须在两零件的摩擦表面之间保持一层润滑油膜，使两零件的摩擦表面隔开，形成液体摩擦，这样可减少零件的磨损和功率的消耗。

　　发动机润滑系统除了润滑作用外，还具有散热、清洗、保护和密封等作用。

　　润滑系统一般由油底壳、机油泵、限压阀及旁通阀、机油滤清器、机油散热器、传感器、机油压力表、温度表等组成，如图 1-1-28 所示。

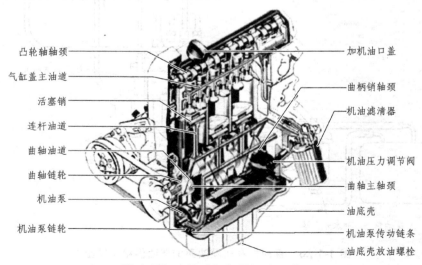

图 1-1-28　发动机润滑系统组成

⑦ 冷却系统。

在可燃混合气的燃烧过程中，气缸内的气体温度可高达 2 100～2 300 K。直接与高温气体接触的机件（如气缸体、气缸盖、活塞、气门等）若不及时加以冷却，则其中运动机件将可能因受热膨胀而破坏正常间隙，或因润滑油在高温下失效卡死，各机件也可能因高温导致其机械强度降低甚至损坏。因此，为保证发动机正常工作，必须对这些在高温条件下工作的机件加以冷却。

冷却系统具有冷却可靠、布置紧凑、噪声小、使用方便等优点，在汽车发动机上应用较为广泛。目前，汽车发动机上采用的水冷系统大都是强制循环式水冷系统，利用水泵强制冷却液在系统中进行循环流动。水冷却系统主要由水箱、风扇、水泵、水管、水套、节温器和水温传感器、控制装置等组成，如图 1-1-29 所示。

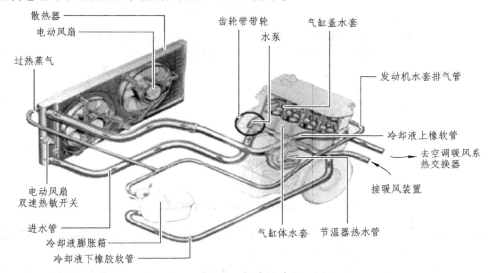

图 1-1-29　发动机冷却系统组成

⑧ 发动机进、排气系统。

进气系统主要包括空气滤清器、进气歧管等。空气经空气滤清器过滤掉杂质后，流过空气流量计，经由进气总管进入进气歧管，与喷油器喷出的汽油混合后形成适当比例的油气，经进气门进入气缸内点火燃烧，产生动力，如图 1-1-30 所示。

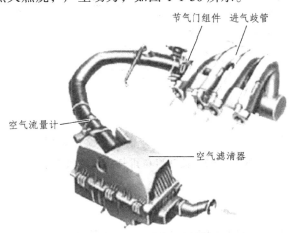

图 1-1-30　发动机进气系统组成

汽车的排气系统主要包括排气歧管、消声器和排气管道等。其主要作用就是将气缸内燃烧的废气排出到大气中。发动机在排气行程期间，气缸中的废气经排气门进入排气歧管，再由排气歧管进入排气管、催化转换器和消声器，最后由排气尾管排到大气中。

为什么我们看到的排气管大多都形状怪异？这种设计主要是为了最大限度地避免各缸排出的废气发生相互干涉或废气回流的现象，从而影响发动机的动力性能，如图 1-1-31 所示。

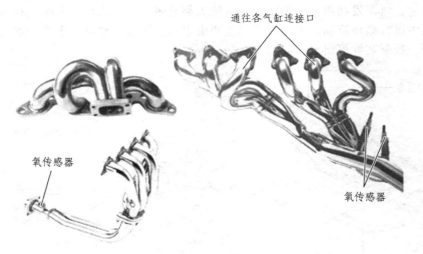

通往各气缸连接口

氧传感器

氧传感器

图 1-1-31　形状"怪异"的排气管

虽然排气管设计得奇形怪状，但为了防止出现紊流，还是遵循一定原则的，如各缸排气歧管尽可能独立，长度尽可能相等、尽可能长等。

直列的发动机通常采用单排气系统，大排量的"V 形"发动机通常采用双排气系统。如图 1-1-32（a）所示为单排气系统，如图 1-1-32（b）所示为双排气系统。

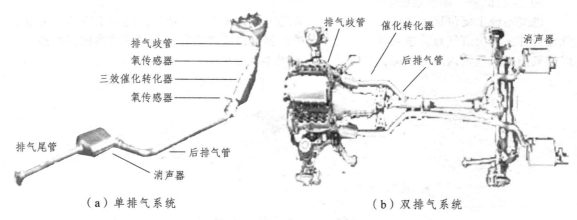

排气歧管
氧传感器
三效催化转化器
氧传感器
排气尾管
后排气管
消声器
（a）单排气系统

排气歧管　催化转化器　　消声器
后排气管
（b）双排气系统

图 1-1-32　发动机单排气和双排气系统

三、拓展知识

转子发动机也称汪克尔发动机（Wankel engine），属于无活塞回旋式四行程内燃机的一种，如图 1-1-33 所示。20 世纪 60 年代起日本马自达汽车公司陆续推出的数款高性能车种，都装备 "转子发动机（rotary engine）"。

图 1-1-33　转子发动机

（1）转子发动机的工作原理。

一般发动机是往复运动式发动机，工作时活塞在气缸里做往复直线运动，为了把活塞的直线运动转化为旋转运动，必须使用曲柄连杆机构。转子发动机则不同，它直接将可燃气的燃烧膨胀力转化为驱动扭矩。与往复式发动机相比，转子发动机取消了无用的直线运动，因而同样功率的转子发动机尺寸较小，质量较轻，而且振动和噪声较低，具有较大优势。

（2）转子发动机的优点。

转子发动机的转子每旋转一圈就做功一次，与一般的四冲程发动机每旋转两圈才做功一次相比，具有高功率容积比（发动机容积较小就能输出较多动力）的优点。另外，由于转子发动机的轴向运转特性，它不需要精密的曲轴平衡就能达到较高的运转转速。整个发动机只有两个转动部件，与一般的四冲程发动机具有进、排气门等二十多个活动部件相比结构大大简化，发生故障的可能性也大大减小。除了以上优点外，转子发动机的优点还包括体积较小、质量轻、低重心等。

（3）转子发动机的缺点。

相对地，由于三角转子发动机的相邻容腔间只有一个径向密封片，径向密封片与缸体始终是线接触，并且径向密封片上与缸体接触的位置始终在变化，因此 3 个燃烧室非完全隔离（密封），径向密封片磨损快。发动机使用一段时间之后容易因为油封材料磨损而造成漏气问题，大幅增加了油耗与污染。其独特的机械结构也造成这类发动机较难维修。

（4）转子发动机的应用。

在世界环保意识日益强化，石油资源日渐枯竭的今天，以氢气作动力源的研究已成为一大课题。当年马自达公司坚持下来的转子发动机从结构上讲是最适合燃烧氢气，而且是最 "干净" 的，因为氢燃烧完后排出的是水蒸气，对环境没有任何污染。马自达公司改制了 RX-7 型跑车的转子发动机，使它可以用氢作燃料。这种发动机装配在马自达 HR-X 汽车上，1 m^3 的燃料箱吸储了相当于 43 m^3 的压缩氢气，以 60 km/h 的车速可行驶 230 km，引起了各界人士的关注。由于从生产装配到维护修理，转子发动机都与传统的发动机大不一样，开发成本大。加上往复式活塞发动机在功率、质量、排放、能耗等方面都比过去有了显著提高，加上各大汽车企业对往复式活塞发动机技术研究的成熟，而对转子发动机技术的生疏，转子发动机没有显出明显的优势，因此各大汽车企业都没有积极性去开发利用。

四、学习小结

（1）发动机的分类方法。

（2）发动机的术语：上止点、下止点、活塞行程、燃烧室容积、气缸工作容积、气缸总容积、发动机排量、压缩比。

（3）发动机的总体构造：曲柄连杆机构、配气机构、燃油系统和进排气系统、电子点火系统、冷却系统、润滑系统、起动系统。

（4）四冲程汽油机工作原理：进气、压缩、做功、排气。

五、任务分析

车辆年审除了车辆性能满足要求以外，还需要保证车辆特别是发动机外观正常，并拓印发动机号码，粘贴在指定的单据上。

六、自我评估

1. 填空题

（1）发动机按照燃料不同分为_____和_____。

（2）发动机按照燃烧方式不同分为_____和_____。

（3）汽车用发动机工作循环有_____个，分别是_____。

（4）活塞顶距离曲轴旋转中心最远的位置称为_____。

（5）上、下止点间的距离称为_____，曲轴每转一周，活塞完成_____行程。

（6）燃油系统由汽油箱、_____、_____、汽油喷射系统等组成。

（7）一个工作循环进气门开启_____次，排气门开启_____次。

（8）压缩比是_____与_____之比。

2. 判断题

（1）由于柴油机的压缩比大于汽油机的压缩比，因此在压缩终了时的压力及燃烧后产生的气体压力比汽油机压力高。（　　）

（2）多缸发动机各气缸的总容积之和，称为发动机排量。（　　）

（3）活塞顶是燃烧室的一部分，活塞头部主要用来安装活塞环，活塞裙部可起导向的作用。（　　）

（4）每一个发动机工作循环，曲轴转两周720°，每一个行程曲轴转半周180°（　　）。

（5）进气行程时进排气门都是打开的。（　　）

（6）汽油机的混合气通常是在气缸外部形成的，而柴油机的混合气是在气缸内部形成的。（　　）

（7）目前，汽车发动机上采用的水冷系统大都是强制循环式水冷系统。（　　）

（8）配气机构的作用是使可燃混合气适时充入气缸并适时把废气从气缸排出。（　　）

3. 选择题

（1）一般四冲程汽油发动机由哪些组成，下面说法最全面的是（　　）。

    A. 曲柄连杆机构、配气机构

    B. 燃油系统、进排气系统、润滑系统

    C. 冷却系统、点火系统、起动系统和控制系统

    D. 以上都是

（2）关于活塞连杆组成说法错误的是（　　）。

    A. 活塞、活塞环　　　B. 活塞销　　　C. 连杆　　　D. 凸轮轴

（3）关于配气机构组成说法错误的是（　　）。

    A. 进气门、排气门、挺柱　　　　　B. 推杆、摇臂、凸轮轴

    C. 凸轮轴正时齿轮　　　　　　　　D. 活塞和活塞销

（4）发动机工作循环中关于压缩行程说法正确的是（　　）。

    A. 进排气门都是打开的　　　　　　B. 进排气门都是关闭的

    C. 进气门打开，排气门关闭　　　　D. 进气门关闭，排气门打开

（5）关于汽油和柴油发动机说法正确的是（　　）。

    A. 柴油发动机是靠火花塞点燃的

    B. 柴油发动机进气时吸入的是可燃混合气

    C. 汽油发动机进气时吸入的是纯空气

    D. 同等条件下柴油机比汽油机使用更经济。

工作任务二　发动机拆装与检修基本技能

任务情境

一、任务描述

一辆丰田卡罗拉 GL 型轿车，进厂报修时的故障现象：发动机气门室盖附近有大量的油污，初步判断气门室盖密封垫损坏，需要更换。这个任务交给你，你能完成吗？

二、任务提示

根据故障现象，需要拆卸气门室盖进行检查，必要时更换损坏的零件。

任务目标

一、知识目标

（1）能描述汽车维修拆装工具的种类和用途；
（2）能描述发动机拆装及检修的注意事项；
（3）能描述发动机气门室盖的拆装方法。

二、能力目标

（1）能使用拆装工具；
（2）能进行发动机气门室盖的拆装。

必备知识

一、基本知识

1. 汽车拆装工具的使用

在汽车维修工作中，工具的正确使用对提高工作效率和汽车的维修质量有着重要的意义。即使是好工具，如果使用方法不正确，不仅会降低效率，还会造成意外伤害。因此，为了能够安全正确地工作，必须熟悉和掌握汽车修理常用工具的名称及其正确的使用方法。

使用工具时特别应注意以下几个方面：
① 使用可信赖、质量有保证的工具。
② 正确使用合适的工具。
③ 使用前检查工具的损坏情况和操作条件。
④ 每次使用后必须清洁工具，按顺序整齐摆放，这样才能随手使用工具。

汽车修理常用工具一般分为通用工具和专用工具两大类。
（1）通用工具。
通用工具有手锤、螺丝刀、钳子、扳手等。
① 手锤。

手锤由锤头和手柄组成，如图 1-2-1 所示。锤头的质量分为 0.25 kg、0.5 kg、0.75 kg、1 kg 等几种，锤头的形状分为圆头和方头两种。手柄用硬杂木制成，长一般为 320 ~ 350 mm。另外还有一种锤头为橡胶材料，称其为橡胶锤。

手锤

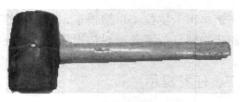

橡胶锤

图 1-2-1　手锤

使用手锤应注意以下几个方面：

a. 手柄保持干净，防止使用时滑脱。

b. 经常检查锤头和手柄的安装情况，防止使用时锤头从手柄上飞出。

c. 使用时手锤前方尽量不要站人。

② 螺丝刀。

螺丝刀是用来拧紧或旋松带槽螺钉的工具，如图 1-2-2 所示。

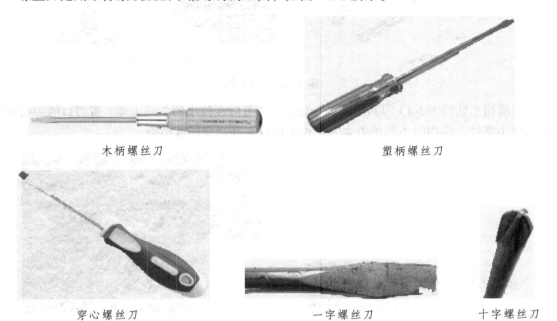

木柄螺丝刀　　　　　　　　　　塑柄螺丝刀

穿心螺丝刀　　　　　　　一字螺丝刀　　　　　十字螺丝刀

图 1-2-2　各种类型的螺丝刀

按螺丝刀柄分类，螺丝刀分为木柄螺丝刀、塑柄螺丝刀、穿心螺丝刀；按螺丝刀端部形状分类，可分为十字螺丝刀和一字螺丝刀。

螺丝刀的规格（杆部长）分为 50 mm、65 mm、75 mm、100 mm、125 mm、150 mm、200 mm、250 mm、300 mm 和 350mm 等几种。

使用螺丝刀的注意事项如下：

a. 要求螺丝刀刃口端应平齐，并与螺钉槽的宽度一致。

b. 螺丝刀上无油污。

c. 使用时，使螺丝刀口与螺钉槽完全吻合，手握手柄并向下用力，防止螺丝刀口与螺钉槽滑脱，损坏螺钉槽。

d. 拧转螺丝刀时，顺时针拧紧，逆时针旋松。

③ 钳子。

钳子的种类很多，汽车修理常用的钳子有鲤鱼钳、尖嘴钳、卡簧钳、管子钳和大力钳等。

鲤鱼钳（见图 1-2-3）钳头的前部是平口细齿，适用于夹捏小零件，中部凹口粗长，适用于夹持圆柱形零件，也可以代替扳手旋小螺栓、小螺母，钳口后部的刃口可剪切金属丝。

鲤鱼钳　　　　　　　　　　　　　鲤鱼钳使用示意

图 1-2-3　鲤鱼钳

尖嘴钳（见图 1-2-4）因其头部细长而得名，可以在较小的空间工作，带刃口的尖嘴钳能剪切细小零件，使用时不能用力太大，否则钳口头部会变形或断裂。

尖嘴钳　　　　　　　　　　　　　尖嘴钳使用示意

图 1-2-4　尖嘴钳

卡簧钳（见图 1-2-5）头部呈圆形，细长，可以钳住较小的圆孔，能拆装卡簧。从钳的张开方向分类可分为轴用和孔用两种；从钳的形状分类可分为直嘴和弯嘴钳。使用时根据卡簧的形式选用对应的卡簧钳。

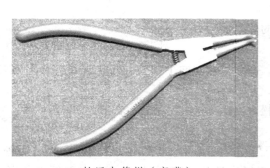
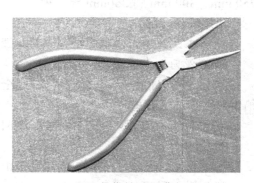

轴用卡簧钳（弯嘴）　　　　　　　　　孔用卡簧钳（平嘴）

卡簧钳使用示意（一）

卡簧钳使用示意（二）

图 1-2-5　卡簧钳

管子钳（见图 1-2-6）的钳口是由碳钢锻造而成的，有很高的刚度、强度和韧性。钳体采用球墨铸铁材质，夹持物体不易变形。管子钳特有的上下咬合钳口设计，能保证理想的夹持效果。管子钳用于夹持圆柱零件，如变速器的输入轴等。

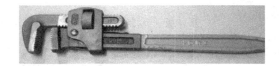
管子钳

管子钳使用示意

图 1-2-6　管子钳

大力钳（见图 1-2-7）主要用于夹持零件进行铆接、焊接、磨削等加工。其特点是钳口可以锁紧并产生很大的夹紧力，使被夹紧零件不会松脱，而且钳口有很多挡调节位置，供夹紧不同厚度的零件使用。大力钳也可作扳手使用。

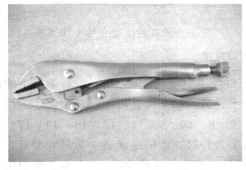
大力钳

大力钳夹紧示意

图 1-2-7　大力钳

④ 扳手。

扳手用于拆装有棱角的螺栓和螺母。汽车修理常用的扳手有开口扳手、梅花扳手、套筒扳手、活络扳手、扭力扳手和特种扳手等。

使用扳手的注意事项如下：

a. 手柄保持干净，防止使用时滑脱。

b. 能使用梅花扳手尽量使用梅花扳手，不使用开口扳手，以减少损坏螺栓和螺母的可能。

c. 使用扳手用力前，首先要确保扳手与螺栓、螺母牢靠接触，然后才能用力。

d. 使用扳手时，一般顺时针拧紧，逆时针旋松。

e. 如不易旋松，可先略拧紧再旋松，如还不行，可先注入一些松锈剂，过一会再旋松。

开口扳手（见图 1-2-8）适用于拆装一般标准规格的螺栓和螺母，以及在空间较小无法使用梅花扳手时使用。

开口扳手（14～17）

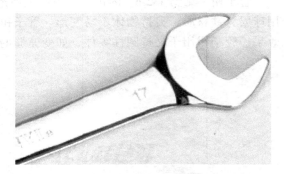

开口扳手局部图（17 mm）

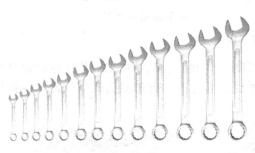

开口梅花两用扳手

开口扳手组合件（10 件）

图 1-2-8 开口扳手

开口扳手上的数字表示开口宽度，常用的开口扳手宽度为 7～27 mm，有的扳手的两端是两个不同宽度的开口，有的一端是一个开口扳手，另一端是梅花扳手。开口扳手的组合件包括 6 件、8 件和 10 件等，常用的尺寸包括 7～9、8～10、9～11、12～14、14～17、13～15、17～19、19～22、24～27（扳手上的尺寸数字为开口宽度的毫米数）等尺寸型号。

梅花扳手（见图 1-2-9）适用于拆装螺栓或螺母。梅花扳手圆内有 12 个角，类似梅花，能将螺栓或螺母的头部可靠地接触套住，工作时不易滑脱。有些螺栓和螺母受空间条件的限制，采用梅花扳手尤为适用。

梅花扳手

梅花扳手局部图（17 mm）

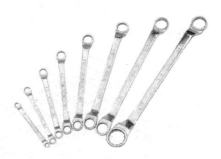

梅花扳手组合件（8 件）

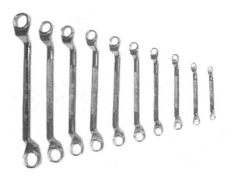

梅花扳手组合件（10 件）

图 1-2-9　梅花扳手

常用的梅花扳手规格为 5～27 mm。梅花扳手的组合件包括 6 件、8 件和 10 件等，常用的梅花扳手尺寸包括 7～9、8～10、9～11、12～14、14～17、13～15、17～19、19～24、24～27（扳手上的尺寸数字为开口宽度的毫米数）等尺寸型号。

套筒扳手（见图 1-2-10）的套筒内有内六角，所以使用套筒扳手，不但可以大大提高工作效率，而且安全可靠。

T 形套筒扳手

T 形套筒扳手使用示意

扳手套筒（32 mm）

扳手套筒内部

棘轮扳手

快速摇把手柄

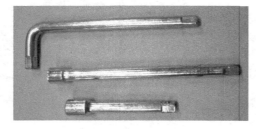

"L"形和"1"形接杆

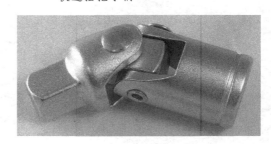

万向接杆

套筒扳手套件

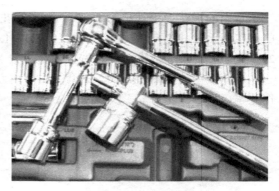

套筒、扳手及接杆的组装示意

图 1-2-10　套筒扳手

套筒扳手有两种，一种是 T 形套筒扳手，T 形把手与套筒固定连接，拆装时用手旋转钉子把手，所以使用十分快捷方便，常用的 T 形套筒扳手规格有 8 mm、10 mm、12 mm 等；另一种是扳手套筒，扳手有棘轮扳手和快速摇把手柄（一般用于拆装缸盖螺栓）。为了改变施力的大小和方向，套筒和扳手之间还可以连接"L"形、"1"形或万向接杆。根据拆装的螺栓、螺母规格，选择不同规格的套筒；根据使用的空间和需要，选择不同的扳手和接杆。

组合套筒包括 13 件、17 件、24 件 3 种，常用套筒型号一般有 8 mm、10 mm、12 mm、14 mm、17 mm、19 mm、22 mm、24 mm、28 mm、32 mm 以及 9 mm、11 mm、13 mm、15 mm 等。

活络扳手（见图 1-2-11）的开度可以自由调节，适用于拆装非标的螺栓或螺母。使用活络扳手时，一定要调整好开口的尺寸，使之与螺栓棱角配合紧密，小心使用，以防损坏螺栓棱角。常用的尺寸型号有 200 mm × 24 mm、300 mm × 36 mm 等规格（200、300 mm 为扳手全长，24、36 mm 为最大开口尺寸）。

活络扳手

活络扳手头部

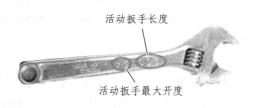

200 mm×24 mm 的活络扳手

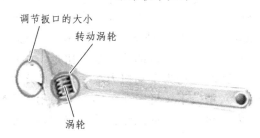

活络扳手使用示意

图 1-2-11　活络扳手

活络扳手长度有 100 mm、150 mm、200 mm、250 mm、300 mm、375 mm、450 mm、600 mm 几种。

使用活络扳手时，扳手开口的固定端要在用力的一侧，活动端要在支持的一侧，否则容易损坏活络扳手。

扭力扳手（见图 1-2-12）也叫扭矩扳手，用于将规定的扭力施加于螺栓或螺母，过去主要用于气缸盖螺栓、曲轴轴承螺栓等的紧固。现在在汽车维护与维修中，为了规范汽车维修操作，使汽车使用性能恢复到出厂标准，所以汽车各系统在维护与维修操作时，许多操作采用扭力扳手对螺栓或螺母施加原厂规定的力矩。

指针式扭力扳手

指针式扭力扳手的刻度盘

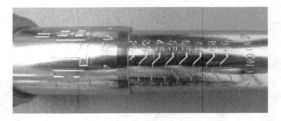

可调扭力式扭力扳手　　　　　　　　　　可调扭力式扭力扳手（局部）

图 1-2-12　扭力扳手

使用扭力扳手时，首先应根据需被拧紧的螺栓或螺母规格选择相应规格的套筒。扭力扳手分为两种：一种是指针式，操作时应注意观察刻度盘上指针指示的力矩值，最大使用扭矩为 300 N·m；另一种是可调扭力式，预先将旋把旋到规定的扭矩，使用拧紧螺栓或螺母时听到"嘎嗒"报警声时即达到规定扭矩，如再用力会出现过力现象。

上述两种均为手动扭力扳手，除此之外还有电动扭力扳手和气动扭力扳手等。

内六角扳手（见图 1-2-13）主要用于拆装内六角螺栓或螺塞，使用时应注意选择合适尺寸的内六角扳手。内六角扳手规格以六角形对边尺寸 S（mm）表示，常用的是 1.5～10 mm 等尺寸。

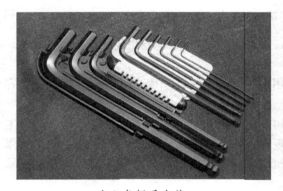

内六角扳手套件

内六角螺栓

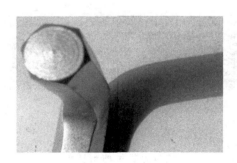

内六角扳手头部

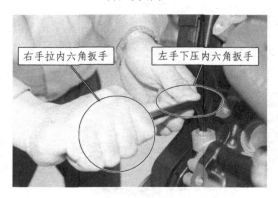

右手拉内六角扳手　　左手下压内六角扳手

内六角扳手使用示意

图 1-2-13　内六角扳手

　　汽车维修作业中用成套的内六角扳手，可供拆装 M4～M30 的内六角螺栓。

　　特种扳手（见图 1-2-14）主要分为机滤扳手和其他专用扳手等。机滤扳手主要用于拆装机油滤清器，常见的机滤扳手包括可调试机滤扳手、碗式机滤扳手、扁三爪式机滤扳手、圆三爪式机滤扳手、钳式机滤扳手等。

可调式机滤扳手

碗式机滤扳手

扁三爪式机滤扳手

圆三爪式机滤扳手

钳式机滤扳手

碗式机滤扳手使用示意

敲击梅花扳手

特种开口扳手

图 1-2-14　特种扳手

（2）专用工具。

汽车修理常用的专用工具有火花塞套筒、活塞环装卸钳和夹具、气门弹簧装卸夹具、黄油枪、千斤顶等。

① 火花塞套筒。

火花塞套筒用于拆装发动机火花塞，如图 1-2-15 所示。火花塞套筒有 3 种，内六角对边尺寸为 17 mm、22 mm、26 mm 的火花塞套筒分别用于拆装规格为 10 mm、14 mm 和 18 mm 的火花塞。

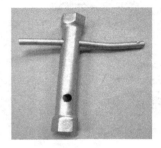
火花塞套筒

火花塞套筒组件

棘轮扳手与火花塞套筒配合使用示意

火花塞套筒实车使用示意

图 1-2-15　火花塞套筒扳手

② 活塞环装卸钳和活塞环夹具。

活塞环装卸钳（见图 1-2-16）用于装卸发动机活塞环，避免活塞环受力不均匀而折断。使用活塞环装卸钳时，将活塞环装卸钳卡住活塞环开口，轻握手柄，慢慢收缩，活塞环就慢慢张开，将活塞环装入或拆出活塞环槽。

活塞环装卸钳

活塞环装卸钳使用示意

图 1-2-16　活塞环装卸钳

使用活塞环夹具（见图 1-2-17）时，先将所有活塞环和活塞头部全部用夹具夹紧，放入气缸后用锤子木柄轻轻敲击活塞顶部，使所有活塞环与活塞头部整体压入气缸。

活塞环夹具　　　　　　　　　　　活塞环夹具使用示意

图 1-2-17　活塞环夹具

③ 气门弹簧装卸夹具。

气门弹簧装卸夹具用于装卸气门弹簧，如图 1-2-18 所示。拆卸气门弹簧时，将钳口收缩到最小位置，取下气门弹簧锁片，然后旋松手柄，取出气门弹簧；安装气门弹簧时，旋紧手柄，安装好气门弹簧锁片后，反方向旋松气门弹簧装卸手柄，取出夹具即可。

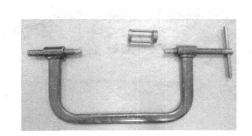

气门弹簧装卸夹具　　　　　　　　气门弹簧装卸夹具使用示意

图 1-2-18　气门弹簧装卸夹具

④ 机油枪。

机油枪（见图 1-2-19）用于各润滑点加注润滑油。使用机油枪时，应对正油嘴，不得歪斜。若不进油，应停止注油，检查油嘴是否堵塞。

机油枪　　　　　　　　　　　　机油枪使用示意

图 1-2-19　机油枪

⑤ 千斤顶。

千斤顶分为螺旋千斤顶、液压千斤顶和卧式千斤顶，如图 1-2-20 所示。螺旋千斤顶是随车配置的工具，用于在行驶途中更换轮胎时使用；液压千斤顶用于在汽车修理厂顶起汽车一端或重物；卧式液压千斤顶用于在汽车修理厂或外出抢险时，举升汽车头部或尾部。

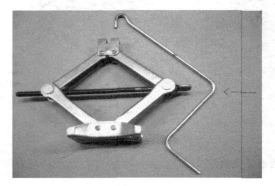

螺旋千斤顶

螺旋千斤顶使用示意

液压千斤顶

卧式千斤顶

图 1-2-20　千斤顶

使用卧式千斤顶时，先把开关拧紧，放好千斤顶，将千斤顶顶块对正被顶部位，压动手柄，就能将重物顶起。放落千斤顶时，将开关慢慢旋开，千斤顶顶块就会逐渐下降。

使用卧式千斤顶前，应用三角木垫在汽车车轮的前后，防止溜车。在松软路面上使用时，应在卧式千斤顶下加垫木；举升时，卧式千斤顶应与重物垂直对正；卧式千斤顶未支撑牢靠或回落时，禁止在车下工作。

2. 发动机拆装及检修的方法

（1）拆卸之前，需要断开蓄电池负极。在拆卸蓄电池负极之前，要事先记录好音响系统存储的频道及音响密码，否则可能会引起音响存储频道丢失、音响锁止等现象。

（2）按照由表及里的顺序拆卸附件。

（3）在拆卸之前，必须进行外部清洗，清除发动机外部的油污，以保证拆卸场地的清洁，避免拆卸过程中零件被弄脏，杂物落入机器内部。

（4）拆卸时，注意相同元件的顺序，如活塞，它与气缸是配套的，不同气缸的活塞不可以互换。

（5）按顺序摆放零件，既便于检查时不遗漏，也便于安装。

（6）零件的安装通常是按与拆卸相反的顺序进行的。

（7）密封垫、O形圈通常不能重复使用，需要更换新件，更换时在O形圈上涂润滑油。

（8）注意元件的朝前方向，一般曲轴带轮为前，飞轮为后；安装正时带导轮时，导轮面朝内安装。

（9）发动机安装过程中各连接螺栓的拧紧力矩严格按规定值进行。

（10）安装时，所有自锁螺母必须更换。

3. 发动机拆装及检修的注意事项

（1）注意规范着装，使用防护用品。例如，不按规范穿工作鞋（劳保鞋），较重工件滑落就可能砸伤脚；佩戴安全防护眼镜以保护眼睛；在开始工作前，应摘掉戒指、手表、项链，脱去宽松的衣服，长头发应挽起固定于脑后。

（2）在举升的车辆下进行工作时，应在车下使用安全支架。

（3）为避免破坏车辆漆面，在操作之前，准备好散热器格栅罩、翼子板保护罩、座椅保护罩等。

（4）在车上工作时，应施加驻车制动。如果是自动变速器车辆，应将变速杆置于 P（驻车）挡位，除非特殊要求才置于其他挡位。如果是手动变速器车辆，应将变速杆置于空挡（发动机运转时），除非特定操作要求才置于其他挡位。

（5）必须在通风良好的区域进行发动机维修工作，以防一氧化碳中毒。

（6）在发动机运转时，身体部分及衣服应远离转动的部件，尤其是风扇和传动带。双手及其他物体不得接触风扇叶片。电动冷却风扇随时会因发动机温度升高而运转，因此，必须确保电动冷却风扇的电源完全断开后，才能在电动冷却风扇附近进行操作。

（7）为防止严重烫伤，应避免接触高温金属部件，如散热器、排气歧管、尾气管、三元催化转化器和消声器。维修高温、高压、旋转、移动的零部件时，要使用适当的设备。

（8）在车上工作时，不得吸烟。

（9）严防飞轮、缸体、曲轴等重物跌落，避免砸伤人员；注意拆装工具的使用方法。例如，铁锤手柄不可以有油污，避免滑落。

（10）按要求处理旧件和废料。

二、基本技能

下面以丰田卡罗拉1ZR-FE发动机为例，介绍气门室盖总成的拆装及检修步骤。

（1）准备工作。

① 防护装备：工作服、工作帽、手套、劳保鞋。

② 车辆、台架、总成：1ZR-FE发动机总成或其他同类发动机。

③ 手工工具：拆装工具一套。

④ 辅助材料：抹布、手套、密封胶等。

（2）气门室盖总成的拆卸。

① 拆卸机油加注口盖，如图1-2-21所示。

② 拆卸气门室盖。

a. 用长套筒、长接杆、棘轮扳手拆下 13 个螺栓、密封垫圈，如图 1-2-22 所示。

b. 用橡胶锤轻轻锤松气门室盖，用一字螺丝刀撬下气门室盖，取下气门室盖。

图 1-2-21　拆卸机油加注口盖

图 1-2-22　拆卸气门室盖螺栓

提示：因为螺钉旋具（一字螺丝刀）材质较硬，撬动铝合金的零部件时容易对其造成损伤，所以在使用之前，应在螺钉旋具的头部缠上胶带。

③ 从凸轮轴轴承盖上拆下 3 个衬垫，图 1-2-23 所示。

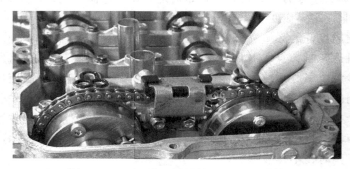

图 1-2-23　拆下凸轮轴轴承盖上的衬垫

注意：拆卸气门室盖时，注意不要将衬垫掉进发动机里，否则衬垫可能会黏附到气门室盖上。

④ 拆下气门室盖衬垫，如图 1-2-24 所示。

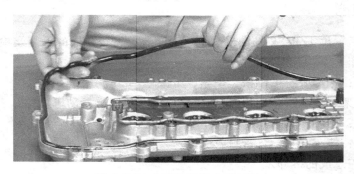

图 1-2-24　拆下气门室盖衬垫

提示：

a. 拆卸下来的垫片、油封等密封元件，不能重复使用，需要换新件。

b. 将拆下的螺母放回原来的位置，以方便安装。

（3）气门室盖总成的检查。

① 对气门室盖进行清洁。

② 将气门室盖放置在一个平面上，目视检查有无变形、裂纹等其他损坏。

（4）气门室盖总成的安装。

① 将衬垫安装到气门室盖上（见图 1-2-25），安装完后检查是否安装到位。

图 1-2-25 安装气门室盖衬垫

注意： 清除接触面的所有机油。

② 将 3 个新衬垫安装到凸轮轴轴承盖上，如图 1-2-26 所示。

图 1-2-26 安装 3 个凸轮轴轴承盖衬垫

③ 如图 1-2-27 所示，涂抹密封胶（丰田原厂黑密封胶、Three Bond 1207B 或同等产品）。

图 1-2-27 涂抹密封胶

注意：

a. 清除接触面的所有机油。

b. 涂抹密封胶后 3 min 内安装气门室盖，并在 15 min 内紧固螺栓。

c. 安装后至少 2 h 内不要启动发动机。

④ 用 1 个新密封垫圈和 13 个螺栓安装气门室盖，如图 1-2-28 所示。

提示：

a. 用橡胶锤敲击气门室盖表面，使气门室盖安装到位。不可以使用铁锤敲击，以防止气门室盖变形或造成其他形式的损坏。

b. 用手旋入螺母时可以保证对正螺纹。严禁使用工具旋入，因为螺母一旦歪斜，便会造成损坏，最终导致螺纹甚至气门室盖总成的损坏。用套筒等工具由中间向两侧的顺序分 2 ~ 3 次将螺栓对称拧紧。

⑤ 安装机油加注口盖，如图 1-2-29 所示。

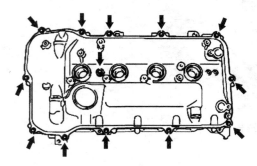

图 1-2-28　安装气门室盖螺栓

图 1-2-29　安装机油加注口盖

三、拓展知识

1. 典型手工工具的使用技巧

（1）开口扳手。

开口扳手的开口端一般与手柄成 15° 角（见图 1-2-30），这样即使在有限空间也可以变换扳手的方向来转动。转动螺栓或螺母时，扳手尺寸用夹住螺栓或螺母的对边宽度来表示。选择与螺栓或螺母相配的扳手，并且能够正确接合。

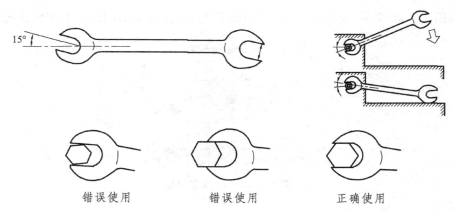

错误使用　　　　错误使用　　　　正确使用

图 1-2-30　开口扳手使用角度

使用开口扳手时，应拉动扳手，这样更安全。如果推扳手，可能向前移动不顺，手也可能碰到其他零件，扳手从螺栓或螺母中滑落时可能会受伤。另外，如果用另一只手握住扳手和螺栓或螺母接合处，则更安全可靠。如果由于一定原因必须向前推扳手，应把手掌张开推。这样即使工具滑落，也不会造成太大伤害（这一警告同样适用于类似工具或套筒扳手），如图1-2-31所示。即使扳手同螺母或螺栓可靠接合，如果突然用很大的力气拧紧、松开螺母或螺栓，应注意扳手的开口有可能松开。

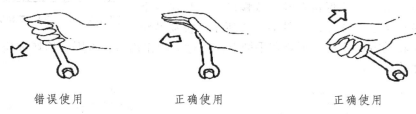

图 1-2-31　开口扳手使用方向

扳手手柄的长度取决于扳手开口的尺寸，这样才能用适于螺栓或螺母尺寸的扭矩进行拧紧。所以，不要把两把扳手接合使用，不要在扳手手柄上加套管来加长手柄，也不要用锤敲扳手来代替用手推扳手（如果这样使用扳手，扭矩会变大，将可能损坏螺栓和扳手，甚至导致严重事故），如图1-2-32所示。当需要用大扭矩时，使用梅花扳手或套筒扳手。

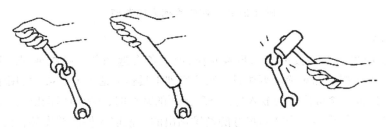

图 1-2-32　开口扳手错误使用

（2）梅花扳手。

使用梅花扳手不如普通扳手快，但是在开始松开或结束拧紧螺栓或螺母时，它更方便。使用适用于螺栓或螺母尺寸的梅花扳手，这样梅花端部与螺栓或螺母的头部平行，并拉动扳手。不要用锤或类似物敲击扳手手柄，或在螺栓没有松开时就连接金属管。这些动作可能会损坏螺栓或工具。如果用锤轻轻敲击螺栓或螺母，将有助于松开螺栓或螺母。梅花扳手的使用如图1-2-33所示。

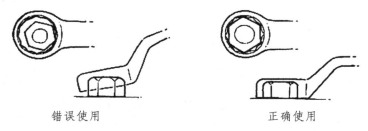

图 1-2-33　梅花扳手使用

（3）延长杆和万向节。

由于螺母在很深的凹进处，套筒不能套到螺母上时，使用合适长度的延长杆使操作变得可行。延长杆有各种长度的，所以，选择使用便于工作的延长杆。在延长杆不能直立插入的地方，使用万向节能使操作变得可行。工作中结合使用延长杆和万向节时应小心，因为套筒容易从螺母脱离。此外，当延长杆倾斜时，注意无法提供准确的扭矩。延长杆和万向节的使用如图 1-2-34 所示。

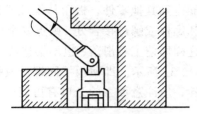

图 1-2-34　延长杆和万向节使用

（4）棘轮手柄。

棘轮手柄能够使套筒保持在螺栓或螺母上，只在一个方向上快速转动螺栓或螺母，如图 1-2-35 所示。拨动棘轮锁杆就能够使转动方向相反。不要在手柄上使用过大的作用力，否则会损坏棘轮。需要大的作用力时使用旋转手柄。

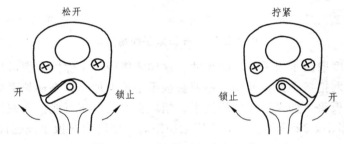

图 1-2-35　棘轮手柄方向调节

2．螺纹修复

在维修过程中虽然严格按照维修步骤操作，但难免会遇到断头螺栓或对螺纹孔进行修复。

为避免由于螺纹损坏而更换主要组件，螺纹修理工具包（见图 1-2-36）可用于修理损坏的螺纹。螺纹修理工具包包含带法兰的嵌入件。修理损坏的螺纹时，必须钻掉孔中损坏的螺纹并重新钻一个引入沉孔。该孔是用一个特殊尺寸的丝锥钻出的，使嵌入件能够安装在沉孔的底部。

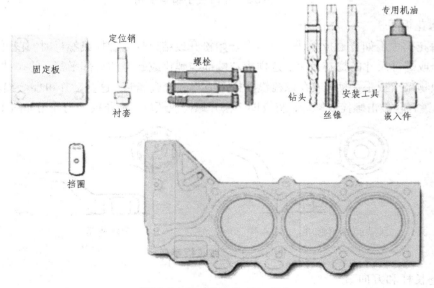

图 1-2-36　螺纹修理工具包

嵌入件是通过特殊工具将其撑开并锁紧在沉孔中的。工具包还包括一个钻孔和攻丝的夹具，它可以确保气缸盖螺栓孔与发动机缸体顶面垂直。螺纹修理过程就是在螺纹损坏的螺孔中安装一个薄壁、自锁、碳钢材质、衬套式的嵌入件。在安装过程中，专用安装工具将嵌入件的底部外螺纹扩压至基底材料中，并将嵌入件机械锁止到位。当安装到适当深度时，嵌入件的法兰将会牢固地顶住修理螺孔的沉孔，如图 1-2-37 所示。

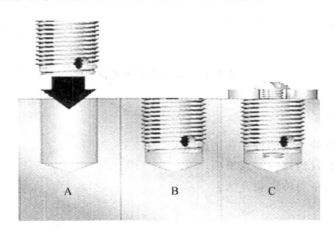

图 1-2-37　安装深度

注意：螺纹修理过程包含钻孔、沉孔和攻丝程序。在此过程中，始终配戴安全防护镜是非常重要的，因为这样可以防止对眼睛的伤害，如图 1-2-38 所示。

图 1-2-38　防止眼睛受伤

当执行钻孔、沉孔和攻丝程序时，应使用特殊的切削液。使用安装工具时必须使用专用机油，如图 1-2-39 所示。工具包专为配合合适的丝锥扳手或钻具一起使用而设计。

切削液

专用机油

图 1-2-39　切削液和专用机油

四、学习小结

（1）汽车维修拆装工具的种类和用途。

（2）发动机拆装及检修的注意事项。

（3）发动机气门室盖的拆装方法。

五、任务分析

经检查，该故障为气门室盖衬垫破损造成，更换新件后故障排除。

注意： 必须严格按照规范更换气门室盖衬垫及气门室盖，否则会再次出现同样的故障。

六、自我评估

1. 填空题

（1）汽车修理常用工具一般分为_____工具和_____工具两大类。

（2）汽车修理常用的有____扳手、____扳手、____扳手、____扳手、____扳手和特种扳手。

（3）拆卸时按照_____的顺序拆卸附件。

（4）发动机安装过程中各连接螺栓的_____严格按规定值进行。

2. 判断题

（1）不同缸的活塞可以互换。（　　　）。

（2）梅花扳手适用于拆装螺栓或螺母。（　　　）

（3）在举升的车辆下进行工作时，应在车下使用安全支架。（　　　）

（4）拆卸气门室盖时，如果太紧，用铁锤锤松气门室盖。（　　　）

3. 选择题

（1）以下不属于通用工具是（　　　）。

    A. 手锤　　　　　B. 螺丝刀　　　　　C. 钳子　　　　　D. 活塞环拆装工具

（2）1ZR-FE 气门室盖的螺栓有（　　　）颗。

    A. 10　　　　　　B. 11　　　　　　C. 12　　　　　　D. 13

学习项目二 曲柄连杆机构检修

本学习项目主要学习发动机曲柄连杆机构的检修，分为 4 个工作任务：工作任务一为机体组检修、工作任务二为活塞连杆组检修、工作任务三为曲轴飞轮组检修、工作任务四为曲柄连杆机构典型故障诊断。通过 4 个工作任务的学习，掌握发动机曲柄连杆机构的结构组成与原理，以及拆装与检修的技能，能进行发动机曲柄连杆机构的检修。

工作任务一 机体组检修

■任务情境

一、任务描述

一辆丰田卡罗拉 GL 型轿车，进厂报修时的故障现象：发动机无法运转，经检查油底壳被撞坏，机油已经漏光，需拆卸发动机进一步检查。发动机机体组检修的任务就交给你和你的组员，你们能完成吗？

二、任务提示

根据故障现象，发现发动机发生严重的机械故障，需要分解发动机进一步检查，检查发动机各组成机构和系统是否正常。

■任务目标

一、知识目标

（1）能描述发动机机体组的组成；
（2）能描述发动机机体组各组成的拆装步骤；
（3）能描述发动机机体组各组成的检修方法及数据。

二、能力目标

（1）能进行发动机机体组的拆装；
（2）能进行发动机机体组的检修。

必备知识

一、基本知识

汽车发动机机体组是构成发动机的骨架，是发动机各机构和各系统的安装基础，其内、外安装着发动机的所有主要零件和附件，承受各种载荷。因此，机体组必须要有足够的强度和刚度。机体组主要由气门室盖罩、气缸体、气缸盖、气缸垫和油底壳等零件组成，如图 2-1-1 所示。在拆除了发动机附件与进、排气歧管后，将会得到一个发动机机体组。

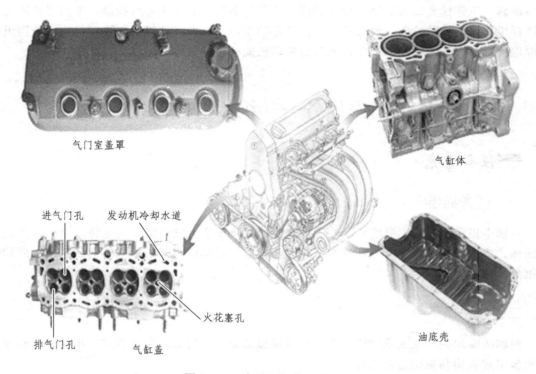

气门室盖罩

气缸体

进气门孔 发动机冷却水道

火花塞孔

油底壳

排气门孔 气缸盖

图 2-1-1　发动机机体组的组成

二、基本技能

下面以丰田卡罗拉 1ZR-FE 发动机为例，介绍发动机部分重要组成零件的拆装及检修步骤。

（1）准备工作。

① 防护装备：工作服、工作帽、手套、劳保鞋。

② 实训设备：1ZR-FE 发动机一台（或实车一辆）等。

③ 手工工具：拆装工具一套，含套筒、橡胶锤、油封切割器、扭力扳手、磁棒、长方形木块、油性笔等。

④ 量具：刀口尺、塞尺、游标卡尺、外径千分尺、量缸表等。

⑤ 材料准备：抹布、密封胶等。

（2）气缸盖的拆卸。

① 按图 2-1-2 所示的顺序，用 12 mm 的双头六角扳手，分几步均匀地松开并拆下 10 个气缸盖螺栓和 10 个平垫圈。拆卸工具如图 2-1-3 所示。

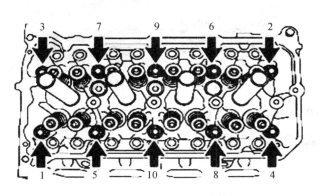

图 2-1-2　拆卸顺序

图 2-1-3　拆卸工具

注意：螺栓拆卸顺序不正确可导致气缸盖翘曲或破裂。

② 如图 2-1-4 所示，使用头部缠有胶带的螺丝刀，撬动气缸盖和气缸体之间的部位，拆下气缸盖。

③ 如图 2-1-5 所示，拆下气缸盖衬垫。

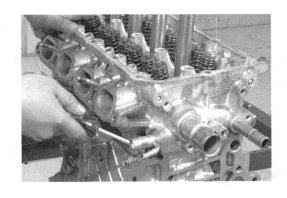

图 2-1-4　拆下气缸盖

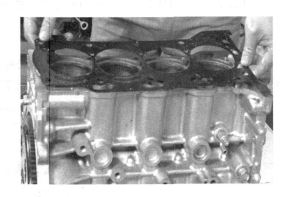

图 2-1-5　拆下衬垫

注意：小心不要损坏气缸盖和气缸体的接触面。

（3）气缸体、气缸盖的清洁。

① 用铲刀清除气缸体上下平面的密封垫黏结物，如图 2-1-6 所示。

注意：不要刮伤气缸体上下平面。

② 用铲刀和抹布清除气缸盖上的缸垫黏结物，如图 2-1-7 所示。

注意：不要刮伤气缸盖的平面。

图 2-1-6　清洁气缸体

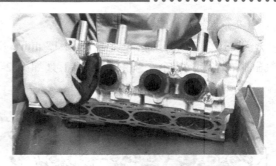

图 2-1-7　清洁气缸盖平面

③ 用硬质毛刷清除燃烧室和进排气口的积炭，如图 2-1-8 所示。

图 2-1-8　清洁燃烧室内的积炭

注意：不要划伤燃烧室和进排气口的表面。

（4）气缸盖、气缸体的检测。

① 外观检测。

如图 2-1-9 所示，用目视或染色渗透法检查进气口、排气口以及气缸盖或气缸体表面是否有裂纹。如果有裂纹，则更换气缸盖或气缸体。

图 2-1-9　外观检测

② 气缸盖检测。

a. 气缸盖平面度的检测。

将刀口尺分别沿气缸盖平面最外侧螺栓孔的对角线方向、直线方向放置，观察刀口尺和气缸盖接触面上是否有漏光点。如果有漏光点，用塞尺测量漏光处的间隙，该间隙即为气缸盖平面变形量。气缸盖平面最大变形量为 0.05 mm，如果超过最大值应予以修理或更换气缸盖，如图 2-1-10 所示。

图 2-1-10　气缸盖平面度的检测以及刀口尺的放置方式

b. 气缸盖与进气歧管接合面平面度的检测。

将刀口尺放在气缸盖进气歧管配合面对角线方向,观察刀口尺和气缸盖进气歧管配合面上是否有漏光点,如果有漏光点,用塞尺测量漏光处的间隙,该间隙即为气缸盖进气歧管配合面的平面变形量;气缸盖进气歧管配合面的最大变形量为 0.10 mm,如图 2-1-11 所示。

c. 气缸盖与排气歧管接合面平面度的检测。

将刀口尺放在气缸盖排气歧管配合面对角线方向,观察刀口尺和气缸盖排气歧管配合面上是否有漏光点,如果有漏光点,用塞尺测量漏光处的间隙,该间隙即为气缸盖排气歧管配合面的平面变形量;气缸盖排气歧管配合面的最大变形量为 0.10 mm,如图 2-1-12 所示。

图 2-1-11　气缸盖进气歧管接合面平面度的检测　　图 2-1-12　气缸盖排气歧管接合面平面度的检测

③ 气缸体上平面平面度的检测。

将刀口尺沿气缸体上平面最外侧螺纹孔的对角线方向、所有螺纹孔的直线方向放置,如图 2-2-13 所示。观察刀口尺和缸体接触面上是否有漏光点,如果有漏光点,用塞尺测量漏光处的间隙,该间隙即为气缸体平面变形量。气缸体上平面最大变形量为 0.05 mm,如果超过最大值,应予以修理或更换气缸体。

④ 气缸体缸径的检测。

用量缸表在位置 A 和 B 处测量止推方向与轴向的气缸缸径,如图 2-1-14 所示。

标准直径为 80.500 ~ 80.513 mm（3.169 3 ~ 3.169 8 in）,最大直径为 80.633 mm（3.174 5 in）。如果 4 个位置的平均缸径值大于最大值,则更换气缸体。

图 2-1-13　气缸体上平面平面度的检测以及刀口尺的放置方式

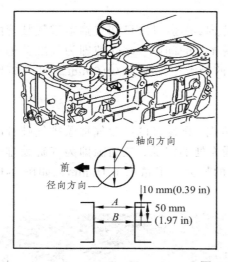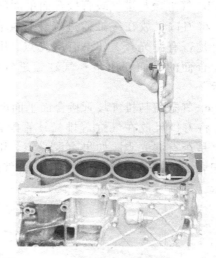

图 2-1-14　缸径检查

（5）气缸盖的安装。

① 如图 2-1-15 所示，将新衬垫放在气缸体表面上，并使印有批次号的一面朝上。

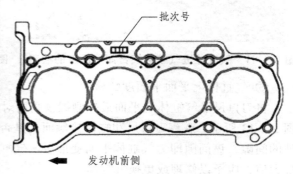

图 2-1-15　衬垫安装

注意：应清除接触面的所有机油，并确保衬垫按正确的方向安装。

② 如图 2-1-16 所示，在螺栓的螺纹和与垫圈相接触的螺栓头下的部位，涂抹一薄层发动机机油。

③ 如图 2-1-17 所示，将螺栓和平垫圈安装至气缸盖。

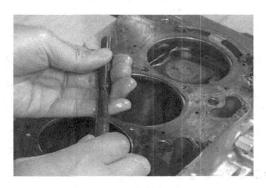

图 2-1-16　涂抹机油

图 2-1-17　安装螺栓

注意：不要将垫圈掉到气缸盖里。

④ 如图 2-1-18 ~ 2-1-20 所示，用 12 mm 的双头六角扳手，分几步均匀地安装并紧固 10 个气缸盖固定螺栓和平垫圈。

⑤ 如图 2-1-21 所示，用油漆在气缸盖螺栓前端做标记。

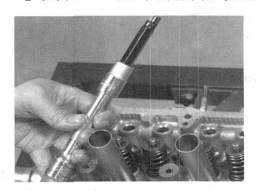

图 2-1-18　安装工具

图 2-1-19　安装螺栓

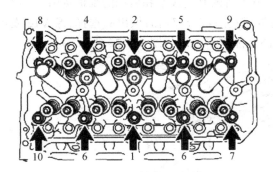

图 2-1-20　拧紧顺序

图 2-1-21　螺栓上做标记

提示：分 2 步紧固气缸盖螺栓，扭矩为 49 N·m。

⑥ 如图 2-1-22 所示，将气缸盖螺栓紧固 90°，然后再紧固 45°。

⑦ 如图 2-1-23 所示，检查并确认油漆标记，现在与前端成 135° 角。

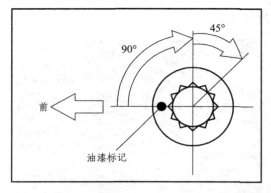

图 2-1-22   再次按图示角度拧紧螺栓

图 2-1-23   确认记号

三、拓展知识

1. 发动机的气缸数

　　一般的汽车都是以四缸和六缸发动机居多，既然发动机的动力来源于气缸，那是不是气缸越多就越好呢？其实不然，随着气缸数的增加，发动机的零部件也相应地增加，发动机的结构也会更为复杂，从而降低了发动机的可靠性，并提高了发动机的制造成本和后期的维护费用。所以汽车发动机的气缸数都是根据发动机的用途和性能要求进行综合权衡后做出的选择，像 V12 发动机、W12 发动机和 W16 发动机只运用于少数的高性能汽车上，如图 2-1-24 所示。

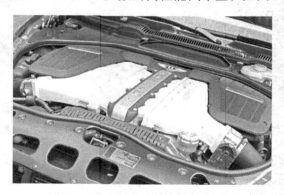

图 2-1-24   W12 发动机充满整个发动机舱

2．发动机的类型

通常，我们按气缸的排列方式来划分发动机类型。4个气缸排成一个直列的，称为直列四缸（简写成L4）发动机；6个气缸排成一个直列的，称为L6发动机；6个气缸成一定角度，从侧面看像一个V形的，称为V6发动机；8个气缸成一定角度，从侧面看像一个V形的，称为V8发动机，另外还有W8、W12发动机，水平对置的发动机等，如图2-1-25所示。

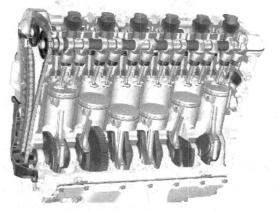

（a）直列发动机

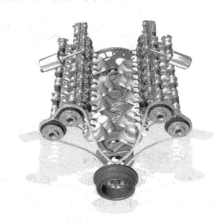

（b）V形发动机

（c）水平对置发动机

（d）转子发动机

图 2-1-25　按气缸排列方式来划分发动机类型

3．V形发动机结构

其实V形发动机，简单理解就是将相邻气缸以一定的角度组合在一起，从侧面看像V字形，如图2-1-26所示。V形发动机相对于直列发动机而言，它的高度和长度有所减少，这样可以使发动机盖更低一些，满足空气动力学的要求。而V形发动机的气缸是成一个角度对向布置的，可以抵消一部分振动，但是不好的是必须要使用两个气缸盖，结构相对复杂。虽然发动机的高度降低了，但是它的宽度会相应增加，这样对于固定空间的发动机舱，安装其他装置就较为困难。

图 2-1-26　V 形发动机内部构造图

4．W 形发动机结构

　　将 V 形发动机两侧的气缸再进行小角度的错开，就是 W 形发动机，如图 2-1-27 所示。W 形发动机相对于 V 形发动机，优点是曲轴可更短一些，质量也可轻些，但是宽度也相应增大，发动机舱也会被塞得更满。其缺点是，W 形发动机结构上被分割成两部分，结构更为复杂，在运作时会产生很大的振动，所以只有在少数的车上应用。

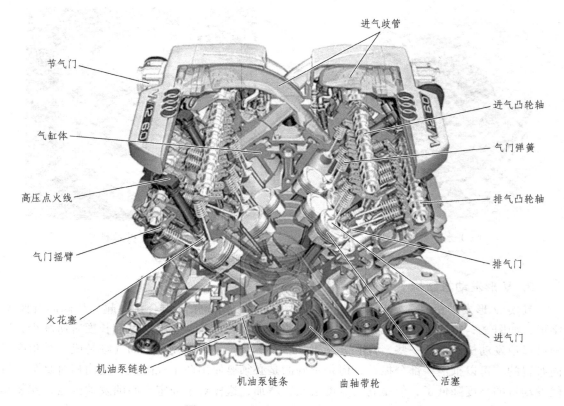

图 2-1-27　W 形发动机内部构造图

5．水平对置发动机结构

水平对置发动机可以理解为将 V 形发动机的夹角扩大到 180°，使相邻气缸相互对立布置（活塞的底部向外侧），如图 2-1-28 所示。

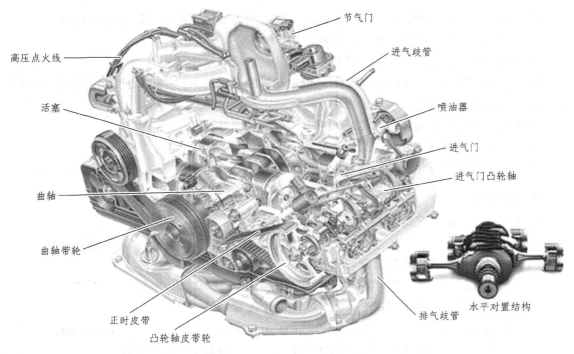

高压点火线

活塞

曲轴

曲轴带轮

正时皮带

凸轮轴皮带轮

节气门

进气歧管

喷油器

进气门

进气门凸轮轴

排气歧管

水平对置结构

图 2-1-28　水平对置发动机内部构造图

四、学习小结

（1）发动机机体组主要由气门室盖罩、气缸体、气缸盖、气缸垫和油底壳等零件组成。

（2）发动机机体组各组成的拆装步骤。

（3）发动机机体组各组成的检修方法及数据。

五、任务分析

机体组的检修，必须严格按照操作规范执行。

六、自我评估

1．填空题

（1）气缸盖排气歧管配合面的最大变形量为＿＿＿＿＿＿。

（2）气缸盖进气歧管配合面的最大变形量为＿＿＿＿＿＿。

（3）气缸盖平面的最大变形量为＿＿＿＿＿＿。

（4）气缸体上平面的最大变形量为＿＿＿＿＿＿。

（5）活塞从上止点移动到下止点所通过的空间容积称为_____。

（6）压缩比，即发动机混合气体被压缩的程度，用气缸_____与_____之比来表示。

2．判断题

（1）油底壳有湿式和干式两种，它们的主要区别为油底壳是否有储油的功能。（　　　）

（2）在对机体进行测量之前必须进行清洁。（　　　）

（3）在测量气缸盖平面度时，所使用的工具是直尺和塞尺。（　　　）

（4）水平对置发动机可以理解为将 V 形发动机的夹角扩大到 180°，使相邻气缸相互对立布置（活塞的底部向外侧）。（　　　）

（5）发动机气缸数越多动力越好，所以气缸越多越好。（　　　）

（6）只要气缸盖发生翘曲，直接更换不用维修。（　　　）

（7）气缸盖排气歧管配合面的最大变形量为 0.10 mm。（　　　）

3．选择题

（1）测量气缸体上平面所必需的工具是（　　　）。

    A．千分尺　　　　　B．直尺　　　　　C．塞尺　　　　　D．游标卡尺

（2）在对机体组零件进行清洗时所用到的清洗液是（　　　）。

    A．汽油　　　　　B．酒精　　　　　C．干净的发动机机油　　　　　D．开水

（3）气缸体上平面的平面度小于（　　　）时不需要修复。

    A．0.05 mm　　　　　B．0.5 mm　　　　　C．0.01 mm　　　　　D．0.1 mm

（4）气缸盖排气歧管接合面的平面度大于（　　　）时需要修复或更换。

    A．0.05 mm　　　　　B．0.5 mm　　　　　C．0.01 mm　　　　　D．0.1 mm

工作任务二　　活塞连杆组检修

■■任务情境

一、任务描述

一辆丰田卡罗拉 GL 型轿车，进厂报修时的故障现象：发动机无法运转，经检查油底壳被撞坏，机油已经漏光，需拆卸发动机进一步检查。发动机活塞连杆组检修的任务就交给你和你的组员，你们能完成吗？

二、任务提示

根据故障现象，发现发动机发生严重的机械故障，需要分解发动机进一步检查，检查发动机各组成机构和系统是否正常。

任务目标

一、知识目标

（1）能描述活塞连杆组的组成；
（2）能描述活塞连杆组的拆装步骤；
（3）能描述活塞连杆组的检修方法及数据。

二、能力目标

（1）能进行活塞连杆组的拆装；
（2）能进行活塞连杆组的检修。

必备知识

一、基本知识

发动机好比是汽车的"心脏"，而活塞则可以理解为是发动机的"中枢"，除了身处恶劣的工作环境外，它还是发动机中最忙碌的一个总成，不断地进行着从下止点到上止点、从上止点到下止点的往复运动（吸气、压缩、做功、排气……）。活塞的内部为掏空设计，两端的圆孔连接活塞销，活塞销连接连杆小头，连杆大头则与曲轴相连，将活塞的往复运动转化为曲轴的圆周运动，如图 2-2-1 所示。

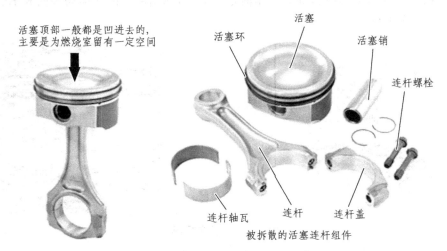

图 2-2-1　活塞连杆组的组成

（1）活塞。

活塞是燃烧室的组成部分，用来承受气体压力。汽车发动机目前广泛采用的活塞材料是铝合金。有的柴油机上采用钢顶铝裙的组合式活塞，这样既满足了对活塞顶部的强度要求，也降低了活塞的质量。

汽油机活塞的顶部形状如图 2-2-2 所示。

图 2-2-2 活塞的顶部形状

① 平顶：受热面积小，被广泛采用。

② 凸顶：与半球形燃烧室配合使用。

③ 凹顶：高压缩比发动机为了防止碰撞气门，也可用凹坑的深度来调整压缩比。

④ 组合顶。

在活塞销中心线以下的活塞部分叫作活塞裙部。活塞裙部为活塞运动导向和承受侧压力，其形式如图 2-2-3 所示。

图 2-2-3 活塞裙部

① 全裙式：裙部为一薄壁圆筒。

② 拖板式：将非承压面的裙部全部去掉。

活塞的热膨胀量大于气缸的膨胀量，使配缸间隙变小。因活塞温度高于气缸壁，且铝合金的膨胀系数大于铸铁，所以活塞自上而下膨胀量由大变小。因温度上高下低，壁上厚下薄。裙部周向近似椭圆形变化，长轴沿销座孔轴线方向是销座处金属量多且膨胀量大，以及侧压力作用的结果。

活塞纵断面制成上小下大的截锥形。活塞横断面制成椭圆形，长轴垂直于销座孔轴线方向，即侧压力方向。销座处凹陷为 0.5～1.0 mm。裙部开绝热-膨胀槽（"T"形或"∏"形槽），其中横槽叫绝热槽，竖槽叫膨胀槽。

（2）活塞环。

活塞环按功用可分为气环和油环。气环在结构上采用了不同断面形状，最常见的有矩形环、锥面环、扭曲环、梯形环和桶面环等。油环分为普通油环和组合油环两种。

气环的功用是保证活塞与气缸壁间的密封，防止和减少气缸中的气体窜入曲轴箱；将活塞头部的热量传给气缸壁；同时还起刮油、布油的辅助作用。在气环所起的密封和导热两大作用中，密封作用是主要的，因为密封是导热的前提。如果气环密封性能不好，高温燃气将直接从气环外圆表面漏入曲轴箱，此时不但由于气环和气缸贴合不严而不能很好地散热，相反地气环外圆表面还接受附加的热量，最后必将导致活塞和气环烧坏。

油环的功用是将气缸壁上多余的机油刮回油底壳，并在气缸壁上均匀地布油，此外，油环也兼起密封作用。

活塞环在高温、高压、高速以及润滑困难的条件下工作。因此，活塞环是发动机寿命最短的零件之一。

如图 2-2-4 所示，活塞的上部有很多环形槽，叫作环槽。环槽是活塞环卡入的地方。一般情况下有 3 个活塞环槽，是为了安装两道气环和一道油环，且气环在上。在装配时，两道气环的开口需要错开，起到密封的作用。油环的作用主要是刮除飞溅到气缸壁上的多余润滑油，并将润滑油刮布均匀。在油环槽之上还有回油槽，油环刮下的润滑油经过这个槽口流回油底壳。

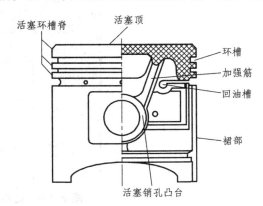

图 2-2-4　活塞环的安装位置

此外，活塞环由于位置不同采用的表面处理也有差别，其中第一道活塞环外圆面通常进行镀铬或喷钼处理，主要是为了改善润滑和提高活塞环的耐磨度。其他活塞环大都采用镀锡或磷化处理，主要是为了改善耐磨性。目前广泛应用的活塞环材料主要有优质灰铸铁、球墨铸铁、合金铸铁等。

如果活塞环的安装不当或密封性不好，就会导致气缸壁上的机油上窜至燃烧室与混合气一起燃烧，引起烧机油现象，在活塞顶部形成积炭，如图 2-2-5 所示。若出现活塞环与气缸壁的配合间隙过小或活塞环因积炭被卡死在环槽内等情况，活塞做上下的往复运动时，很可能会将气缸壁刮伤，长时间后会在气缸壁上形成很深的沟纹，也就是常说的"拉缸"现象。

气缸壁有了沟纹，密封性不良，同样会造成烧机油的情况。因此，应定期检查活塞的工作状态，避免以上两种情况的发生，保证发动机的运行状况良好。

图 2-2-5 活塞顶部的积炭

　　活塞与气缸壁之间存在微小的间隙，以允许工作时的热膨胀。由于这个间隙的存在，必须使用气环来防止压缩的可燃混合气或高压燃烧废气从燃烧室泄漏到缸体的下部；油环用来控制气缸壁上的润滑油（油膜厚度），如图 2-2-6 所示。这些活塞环的另一个重要功能是通过把热量传导到气缸壁来起到冷却活塞的作用。因此，活塞环必须与气缸壁紧密贴合。所以，活塞环设计成具有向外扩张的能力（张紧力）。

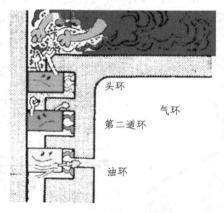

头环

气环

第二道环

油环

图 2-2-6 活塞环的作用

　　保持活塞与气缸之间的密封性对于获得良好的进气、压缩、做功和排气冲程工作效果是很必要的。活塞还应该具有在高温、高压条件下抗热膨胀的结构和强度。而且活塞一定要用轻质材料制成，形状设计也应降低其高速往复运动时的惯性负载。

　　组装好的活塞必须与气缸壁之间保持一定的间隙（0.03 ~ 0.06 mm），如图 2-2-7 所示。如果间隙不足，由于热膨胀，活塞可能被卡住；另一方面，如果间隙过大，可能会导致压缩失效、机油消耗增加或活塞敲击噪声。为了解决这些问题，必须选择外径与缸套最终尺寸良好配合的活塞。

　　（3）活塞销。

　　活塞销（见图 2-2-8）的功用是连接活塞与连杆小头，将活塞承受的气体作用力传给连杆。

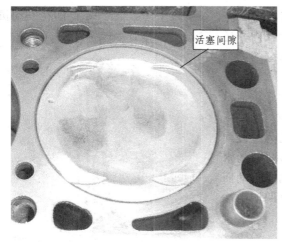

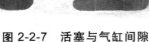

图 2-2-7　活塞与气缸间隙

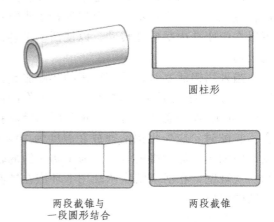

图 2-2-8　活塞销

活塞销在高温下承受很大的周期性冲击载荷，润滑条件较差（一般靠飞溅润滑），因而要求有足够的刚度和强度，表面耐磨，质量尽可能小。为此，活塞销通常做成空心圆柱体。

活塞销的内孔形状有圆柱形、两段截锥形以及两段截锥与一段圆柱的组合形等。圆柱形孔容易加工，但活塞销的质量较大。两段锥形孔的活塞销质量较小，又接近等强度梁的要求（因活塞销所承受的弯矩在中部最大，距中部越远处越小），但孔的加工较复杂。组合形孔的结构则介于二者之间。

活塞销一般用低碳钢或低碳合金钢制造，先经表面渗碳处理以提高表面硬度，并保证心部具有一定的冲击韧性，然后进行精磨和抛光。

活塞销与活塞销座孔和连杆小头的连接方式，一般有全浮式或半浮式连接两种形式，如图 2-2-9 所示。

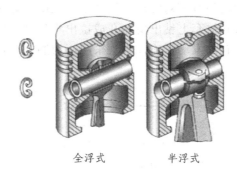

图 2-2-9　活塞销连接方式

全浮式活塞销在发动机正常工作温度时,活塞销能在连杆衬套和活塞销座孔中自由转动，在活塞销座孔两端用卡环轴向定位。

半浮式连接就是销与座孔或连杆小头两处，一处固定，一处浮动。其中大多数活塞销连接方式采用活塞销与连杆小头的固定方式。

活塞销与活塞销座孔、连杆小头衬套孔的连接配合，一般多采用"全浮式"，即在发动机运转过程中，活塞销不仅可以在连杆小头衬套孔内，还可以在销座孔内缓慢地转动，以使活塞销各部分的磨损比较均匀。

当采用铝活塞时，活塞销座的热膨胀量大于钢活塞销。为了保证高温工作时有正常的工作间隙（0.01～0.02 mm），在冷态装配时活塞销与活塞销座孔为过渡配合。装配时，应先将铝活塞放在温度为 70～90 ℃ 的水或油中加热，然后将销装入。为了防止销的轴向窜动而刮伤气缸壁，在活塞销座两端用卡环嵌在销座凹槽中加以轴向定位。

（4）连杆组。

连杆组由连杆和连杆轴瓦组成，如图 2-2-10 所示。

① 连杆。

连杆的功用是将活塞承受的力传给曲轴，并使活塞的往复运动转变为曲轴的旋转运动。

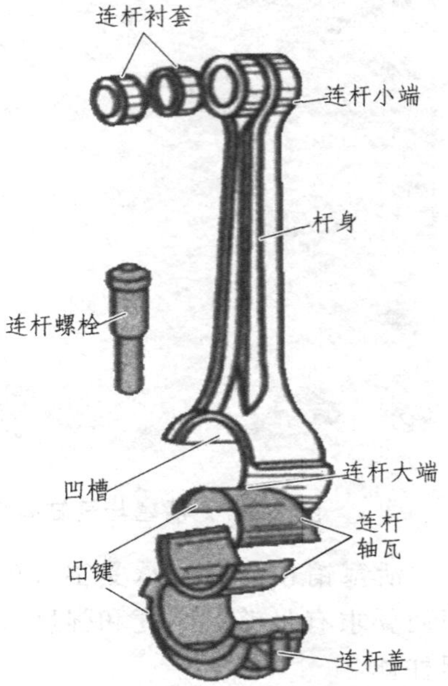

连杆承受活塞销传来的气体作用力以及其本身摆动和活塞组往复运动时的惯性力。这些力的大小和方向都

图 2-2-10　连杆组

是周期性变化的。因此，连杆受到的是压缩、拉伸和弯曲等交变载荷。这就要求连杆在质量尽可能小的条件下有足够的刚度和强度。连杆的刚度不够，可能产生的结果如下：其大头孔失圆，导致连杆大头轴瓦因油膜破坏而烧损；连杆杆身弯曲，造成活塞与气缸偏磨、活塞环漏气和窜油等。

连杆一般用中碳钢或合金钢经模锻或辊锻而成，然后经机械加工和热处理。

如图 2-2-11 所示，连杆由小头、杆身和大头（包括连杆盖）三部分组成。连杆小头与活塞销相连。工作时小头与销之间有相对转动，因此小头孔中一般压入减磨的青铜衬套。为了润滑活塞销与衬套，在小头和衬套上钻出集油孔或铣出集油槽，用来收集发动机运转时被激溅上来的机油，以便润滑。有的发动机连杆小头采用压力润滑，在连杆杆身内钻有纵向的压力油通道。

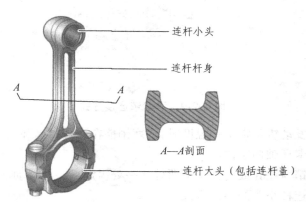

图 2-2-11　连杆结构

连杆杆身通常做成"工"字形断面，以求在强度和刚度足够的前提下减小质量。

连杆大头与曲轴的曲柄销相连，除了个别小型汽油机的连杆采用整体式大头以外，连杆大头一般做成剖分式的，被分开的部分称为连杆盖，借特制的连杆螺栓紧固在连杆大头上。连杆盖与连杆大头是偶合件，为了防止装配时配对错误，在同一侧刻有配对记号。大头孔表面有很高的光洁度，以便与连杆轴瓦（或滚动轴承）紧密贴合。连杆大头上还铣有连杆轴瓦的定位凹坑。有的连杆大头连同轴瓦还钻有直径为 1~1.5 mm 的小油孔，从中喷出机油以加强配气凸轮与气缸壁的飞溅润滑。

连杆大头按剖分面的方向可分为平切口和斜切口两种。平切口连杆的剖分面垂直于连杆轴线。一般汽油机平切口连杆的剖分面垂直于连杆轴线。通常连杆大头尺寸都小于气缸直径。柴油机的连杆由于受力较大，为了尽可能加大连杆轴颈而提高曲轴的强度和刚度，连杆大头采用斜切口。斜切口式连杆的大头剖分面与连杆轴线呈 30°~60° 夹角。

连杆螺栓是一个经常承受交变载荷的重要零件，一般采用韧性较高的优质合金钢或优质碳素钢经锻制或冷锻而成。连杆大头在安装时，必须紧固可靠。连杆螺栓必须以工厂规定的力矩拧紧，按规定步骤分次均匀地拧紧。有的连杆螺栓还必须用防松胶或其他锁紧装置紧固，以防止工作时松动。

② 连杆轴承。

为了减小摩擦阻力和曲轴连杆轴颈的磨损，连杆大头孔内装有瓦片式滑动轴承，简称连杆轴瓦，如图 2-2-12 所示。

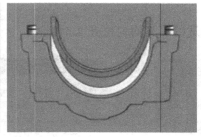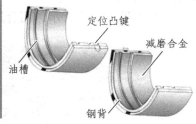

图 2-2-12 连杆轴瓦

连杆轴瓦是剖分成两半的滑动轴承。轴瓦是在厚 1~3 mm 的薄钢背的内圆面上浇铸 0.3~0.7 mm 厚的减磨合金层（如巴氏合金、铜铅合金、高锡铝合金等）而成。减磨合金具有保持油膜、减少摩擦阻力和加速磨合的作用。巴氏合金轴瓦的疲劳强度较低，只能用于负荷不大的汽油机，而铜铅合金或高锡铝合金轴瓦均具有较高的承载能力与耐疲劳性。含锡量 20% 以上的高锡铝合金轴瓦，在汽油机和柴油机上均得到广泛采用。在铜铅合金减磨层再镀一层厚度为 0.02~0.03 mm 的铜或锡，即能用于高度强化的柴油机。

由于上下轴瓦的负载相差很大，所以有的发动机采用了不同材质制成的上、下轴瓦，它们有不同的零件号，在这种情况下，一定要注意上下轴瓦不可装错。

连杆轴瓦的背面应有很高的光洁度。半个轴瓦在自由状态下不是半圆形，当它们装入连杆大头孔内时又有过盈，故能均匀地紧贴在大头孔壁上，具有很好的承受载荷和导热的能力。这样可以提高其工作可靠性和延长使用寿命。

为了防止连杆轴瓦在工作中发生转动或轴向移动，在两个连杆轴瓦的剖分面上，分别冲压出高于钢背面的两个定位凸键。装配时，这两个凸键分别嵌入在连杆大头和连杆盖上的相应凹槽中。在连杆轴瓦内表面上还加工有油槽，用以贮油，保证可靠润滑。

在装配连杆时，应注意润滑轴瓦的内表面和轴颈。

二、基本技能

下面以丰田卡罗拉 1ZR-FE 发动机为例，介绍活塞连杆组的拆装及检修步骤。

（1）准备工作。

① 防护装备：工作服、工作帽、手套、劳保鞋。

② 实训设备：1ZR-FE 发动机一台、台虎钳等。

③ 手工工具：拆装工具一套，含套筒、橡胶锤、油封切割器、扭力扳手、磁棒、活塞环扩张器等。

④ 量具：刀口尺、塞尺、游标卡尺、外径千分尺、量缸表等。

⑤ 材料准备：翼子板布和前格栅布、三件套、抹布、机油、汽油等。

（2）活塞连杆组的拆卸。

提示：请先确认活塞顶部及其他部位清洁。

① 检查并确认连杆和连杆盖上的装配标记相互对准，以确保正确地重新装配，如图 2-2-13 所示。

提示：连杆和连杆盖的装配标记是为了确保正确地重新安装，如没有标记，则打上标记来标明气缸号。

② 如图 2-2-14 所示，用合适的工具均匀松开 2 个螺栓。

图 2-2-13　装配标记

图 2-2-14　松开螺栓

③ 如图 2-2-15 所示，用 2 个已拆下的连杆盖螺栓，通过左右摇动连杆盖拆下连杆盖和下轴承。

提示：保持下轴瓦在连杆盖内。

④ 如图 2-2-16 所示，从气缸体的底部推出活塞、连杆总成和上轴承。

图 2-2-15　拆下连杆盖和下轴承

图 2-2-16　推出活塞

提示：

a. 使轴承、连杆和连杆盖连在一起。

b. 按正确的顺序摆放活塞和连杆总成，如图 2-2-17 所示。

（3）活塞连杆组的分解。

① 如图 2-2-18 所示，清洁拆卸的活塞连杆组，并按顺序摆放。

图 2-2-17　活塞连杆组的摆放

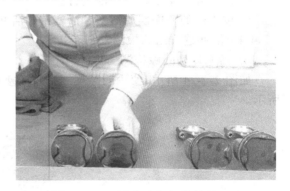

图 2-2-18　活塞连杆组的清洁

提示：按正确的顺序摆放拆下的零件。

② 如图 2-2-19 所示，用活塞环扩张器拆下 2 个气环（压缩环）。

③ 如图 2-2-20 所示，用手拆下油环刮片和油环胀圈。

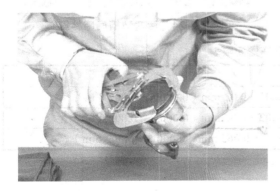

图 2-2-19　拆下气环

图 2-2-20　拆下油环刮片和油环胀圈

提示：按正确的顺序摆放拆下的零件。

④ 如图 2-2-21 所示，使用螺丝刀撬出活塞销处的 2 个卡环。

⑤ 如图 2-2-22 所示，用塑料锤和铜棒，轻轻敲出活塞销并拆下连杆。

图 2-2-21　拆下活塞销卡环

图 2-2-22　拆下活塞销和连杆

提示：

a. 必要时，用水逐渐加热各活塞到 80 ~ 90 ℃，以便于拆卸。

b. 活塞和活塞销是一组配套件。

c. 按正确的顺序摆放活塞、活塞销、活塞环、连杆和轴承，如图 2-2-23 所示。

（4）活塞连杆组的检测。

① 活塞环槽间隙检测。

如图 2-2-24 所示，使用测隙规测量新活塞环和环槽壁间的间隙，标准环槽间隙如表 2-2-1 所示。

图 2-2-23　零件摆放

图 2-2-24　活塞环槽间隙检测

表 2-2-1　标准环槽间隙表

项　目	规 定 状 态
1 号环	0.02 ~ 0.07 mm（0.000 8 ~ 0.002 8 in）
2 号环	0.02 ~ 0.06 mm（0.000 8 ~ 0.002 4 in）
油　环	0.02 ~ 0.065 mm（0.000 8 ~ 0.002 6 in）

如果环槽间隙不符合规定，则更换活塞。

② 活塞环端隙检测。

a. 如图 2-2-25 所示，用活塞从气缸体的顶部将活塞环推至活塞环底部，使其行程超过 50 mm。

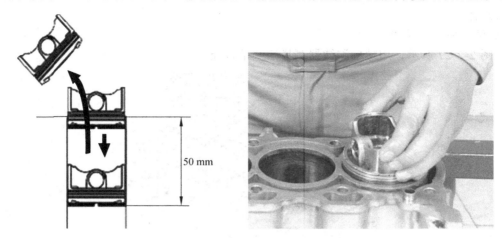

图 2-2-25　用活塞推入活塞环

b. 如图 2-2-26 所示，用测隙规测量端隙。

图 2-2-26　活塞环端隙检测

标准端隙和最大端隙如表 2-2-2 和表 2-2-3 所示。

表 2-2-2　活塞环标准端隙表

项　目	规定状态
1 号环	0.2～0.3 mm（0.007 9～0.011 8 in）
2 号环	0.3～0.5 mm（0.011 8～0.019 7 in）
油　环	0.1～0.4 mm（0.003 9～0.015 7 in）

表 2-2-3　活塞环最大端隙表

项　目	规定状态
1 号环	0.5 mm（0.019 7 in）
2 号环	0.7 mm（0.027 6 in）
油　环	0.7 mm（0.027 6 in）

如果端隙大于最大值，则更换活塞环。换上新的活塞环后，如果端隙仍大于最大值，则更换气缸体。

③ 活塞销直径检测。

如图 2-2-27 所示，用螺旋测微器测量活塞销直径。

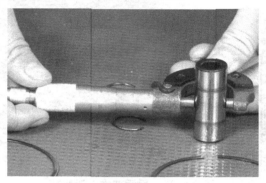

图 2-2-27　活塞销直径检测

标准活塞销直径为 20.004 ~ 20.013 mm（0.787 6 ~ 0.787 9 in），如果直径不符合规定，则更换活塞销。

④ 活塞检测。

a. 活塞直径检测。

如图 2-2-28 所示，在距活塞顶部 12.6 mm 处，用螺旋测微器测量与活塞销孔成直角的活塞直径。

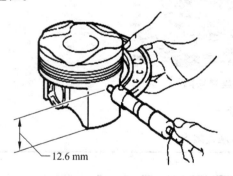

图 2-2-28　活塞直径检测

标准活塞直径为 80.461 ~ 80.471 mm（3.167 7 ~ 3.168 1 in），如果直径不符合规定，则更换活塞。

b. 活塞油膜间隙检测。

活塞油膜间隙是用气缸缸径测量值（见机体组检修）减去活塞直径测量值。

标准油膜间隙为 0.029 ~ 0.052 mm（0.001 1 ~ 0.002 0 in），最大油膜间隙为 0.09 mm（0.003 5 in）。

如果油膜间隙大于最大值，则更换所有活塞。如有必要，则更换气缸体。

（5）活塞连杆组的组装。

① 活塞组装。

a. 如图 2-2-29 所示，用螺丝刀将新卡环安装到活塞销孔的一端。

图 2-2-29　活塞销卡环组装

提示：确保卡环的端隙与活塞上的活塞销孔切口部位错开。

b. 如图 2-2-30 所示，对准活塞和连杆上的朝前标记，并用拇指推入活塞销。

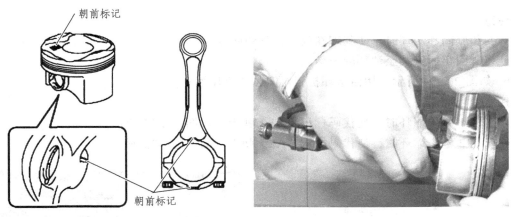

图 2-2-30　安装活塞销

c. 如图 2-2-31 所示，使用螺丝刀在活塞销孔的另一端安装一个新卡环。

提示：确保卡环的端隙与活塞上的活塞销孔切口部位错开。

d. 如图 2-2-32 所示，在活塞销上来回移动活塞，检查活塞和活塞销间的安装情况。

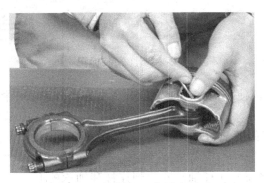

图 2-2-31　安装另一个活塞销卡环

图 2-2-32　检查安装情况

② 活塞环组件组装。

a. 如图 2-2-33 所示，用手组装油环胀圈和油环刮片。

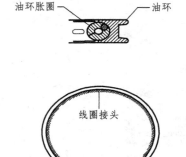

图 2-2-33　油环组装

注意：

● 安装胀圈和油环时，使其环端处于相反的两侧。

● 将胀圈牢固安装至油环的内槽。

b. 如图 2-2-34 所示，用活塞环扩张器安装 2 个压缩环。

注意：

● 安装 1 号压缩环时，使代码标记（A1）朝上，如图 2-2-35 所示。

● 安装 2 号压缩环时，使代码标记（A2）朝上，如图 2-2-35 所示。

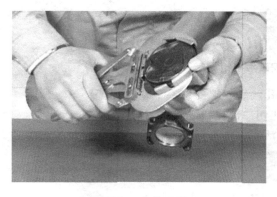
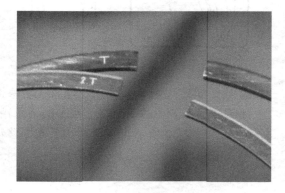

图 2-2-34　安装压缩环　　　　　　　图 2-2-35　安装标记

● 油漆标记仅能在新活塞环上检查到。重新使用活塞环时，检查各活塞环外形，以将其安装至正确位置。

c. 装配活塞环，以使活塞环开口位置处于如图 2-2-36 所示的位置。

③ 安装连杆轴承。

a. 如图 2-2-37 所示，拆卸连杆轴承，并将新的连杆轴承安装到连杆和轴承盖上。

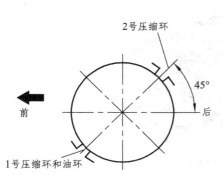

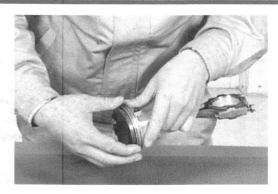

图 2-2-36　活塞环位置

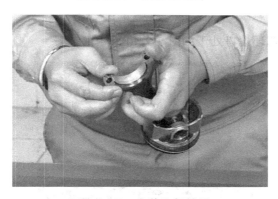

图 2-2-37　安装连杆轴承

b. 用游标卡尺测量连杆边缘和轴承盖边缘与连杆轴承边缘间的距离，如图 2-2-38 所示。尺寸（A、B）为 0.7 mm（0.027 6 in）或更小。

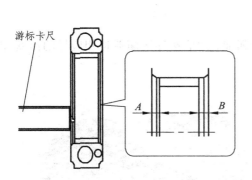

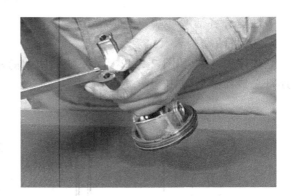

图 2-2-38　测量连杆边缘和轴承盖边缘与连杆轴承边缘间的距离

注意：不要在连杆轴瓦背面和连杆大头孔上涂抹发动机机油。

（6）活塞连杆组的安装。

① 涂抹发动机机油。

如图 2-2-39 所示，在气缸壁、活塞、连杆轴承表面上涂抹发动机机油。

图 2-2-39　涂抹机油

② 放置活塞环位置。

放置活塞环以使活塞环端口处于如图 2-2-40 所示的位置。

图 2-2-40　活塞环端口位置

注意： 各活塞环端口必须错开。

③ 将活塞装入气缸。

如图 2-2-41 和图 2-2-42 所示，使活塞朝前标记朝前，用活塞环压缩器将相应号的活塞和连杆总成压入气缸内。

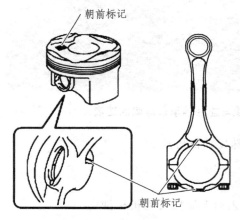

图 2-2-41　活塞安装标志

图 2-2-42　安装活塞

④ 安装连杆盖，如图 2-2-43 所示。

a. 检查并确认连杆盖的凸起部分朝向正确的方向。

b. 在连杆盖螺栓的螺纹上和螺栓头下部涂抹一薄层发动机机油。

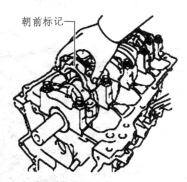

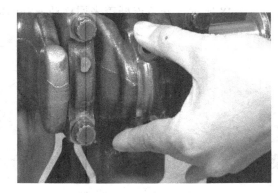

图 2-2-43　安装连杆盖

⑤ 紧固连杆盖螺栓。

a. 采用扭矩扳手，分几次交替拧紧连杆盖螺栓，如图 2-2-44 所示，扭矩为 20 N·m。

b. 用油漆在连杆盖螺栓前端做标记，如图 2-2-45 所示，将连杆盖螺栓再紧固 90°，如图 2-2-46 所示。

图 2-2-44　紧固螺栓

图 2-2-45　油漆标记

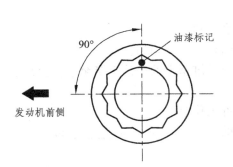

图 2-2-46　再次紧固

（7）确认曲轴转动顺畅。

如图 2-2-47 所示，检查并确认曲轴转动顺畅。

（8）连杆轴向间隙检测。

如图 2-2-48 所示，安装连杆盖来回移动连杆的同时，用百分表测量轴向间隙。

图 2-2-47　确认曲轴转动顺畅　　　　　　　　图 2-2-48　检测连杆轴向间隙

标准轴向间隙为 0.160 ~ 0.342 mm（0.006 3 ~ 0.013 5 in），最大轴向间隙为 0.342 mm（0.013 5 in）。

如果轴向间隙大于最大值，则必要时更换连杆总成。如有必要，则更换曲轴。

三、学习小结

（1）活塞连杆组的组成：活塞、活塞环、活塞销、连杆、连杆螺栓、轴瓦等。

（2）活塞连杆组的拆装步骤。

（3）活塞连杆组的检测方法及数据。

四、任务分析

活塞连杆组的检修必须严格按照操作规范执行，否则可能造成机械故障。

五、自我评估

1. 填空题

（1）活塞上的 3 条环槽，是为了安装两道____和一道____。

（2）油环的作用主要是_____，并将_____均匀。

（3）如果活塞环安装不当或密封性不好，就会导致缸壁上的机油上窜至____与____一起燃烧，引起烧机油现象，在活塞顶部形成积炭。

（4）活塞与气缸壁之间存在微小的间隙，以允许工作时的_____。

（5）组装好的活塞必须与气缸壁之间保持一定的_____，通常是_____mm。

（6）活塞是燃烧室的组成部分，用来承受_____。

（7）汽油机活塞的顶部形状有_____、_____、_____、_____几种。

（8）活塞裙部为活塞运动_____和承受_____。

2．判断题

（1）为了保证气缸的密封性，活塞必须与气缸壁是零间隙。（　　）

（2）活塞的形状是椭圆形的。（　　）

（3）用电子秤分别对 4 个活塞连杆组进行质量检测并记录数据，最大值与最小值的质量差不得超过 25 g。（　　）

（4）检测活塞环间隙使用的工具是塞尺。（　　）

（5）为了保证气缸密封，每道活塞环的开口必须相互错开 90°。（　　）

（6）为了防止机油上窜，油环必须装在最上面。（　　）

3．选择题

（1）安装活塞环时，活塞环的开口应（　　）。

    A．与活塞销轴线的方向一致

    B．与活塞销轴线的方向成 45°

    C．与活塞销轴线的方向成 90°

    D．与活塞销轴线的方向成 180°

（2）安装活塞环时，第一道气环与第二道气环应相错成（　　）。

    A．180°　　　　B．90°　　　　C．45°　　　　D．0°

（3）测量气缸盖的平面度时必须具备的测量工具是（　　）。

    A．直尺　　　B．游标卡尺　　　C．千分尺　　　D．刀口尺与厚薄规

（4）测量活塞环侧隙时必须具备的测量工具是（　　）。

    A．直尺　　　B．游标卡尺　　　C．厚薄规　　　D．百分表

工作任务三　曲轴飞轮组检修

任务情境

一、任务描述

一辆丰田卡罗拉 GL 型轿车，进厂报修时的故障现象：发动机无法运转，经检查油底壳被撞坏，机油已经漏光，需拆卸发动机进一步检查。发动机曲轴飞轮组检修的任务就交给你和你的组员，你们能完成吗？

二、任务提示

根据故障现象，发现发动机发生严重的机械故障，需要分解发动机进一步检查，检查发动机各组成机构和系统是否正常。

■ 任务目标

一、知识目标

（1）能描述曲轴飞轮组的组成；
（2）能描述曲轴飞轮组的拆装步骤；
（3）能描述曲轴飞轮组的检修方法及数据。

二、能力目标

（1）能进行曲轴飞轮组的拆装；
（2）能进行曲轴飞轮组的检修。

■ 必备知识

一、基本知识

（1）曲轴。

气缸内活塞做的是上下的直线运动，但要输出驱动车轮前进的旋转力，是怎样把直线运动转化为旋转运动的呢？其实这与曲轴的结构有很大关系。曲轴的连杆轴与主轴是不在同一直线上的，而是对立布置的。

这个运动原理其实跟我们骑自行车非常相似，两只脚相当于相邻的两个活塞，脚踏板相当于连杆轴，而中间的大飞轮就是曲轴的主轴。左脚向下用力蹬时（活塞做功或吸气做向下运动），右脚会被提上来（另一活塞压缩或排气做向上运动）。这样周而复始，就将直线运动转化为旋转运动，如图 2-3-1 所示。

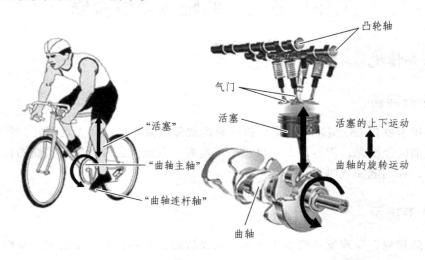

图 2-3-1　活塞的上下运动与骑自行车类似

曲轴是发动机的主要旋转机构，担负着将活塞的上下往复运动转变为自身的圆周运动，且通常我们所说的发动机转速就是曲轴的转速。曲轴的基本组成包括前端轴、主轴颈、连杆轴颈、曲柄、平衡块和后端凸缘等，如图 2-3-2 所示。

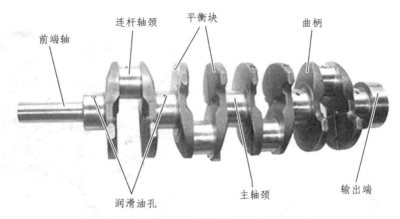

图 2-3-2　曲轴结构示意图

一个连杆轴颈与它两端的曲柄及主轴颈构成一个曲拐。曲轴的曲拐数取决于气缸的数目和排列方式。直列发动机曲轴的曲拐数等于气缸数；V 形发动机曲轴的曲拐数等于气缸数的一半。

曲轴会因机油不清洁以及轴颈的受力不均匀造成连杆大头与轴颈接触面的磨损，若机油中有颗粒较大的坚硬杂质，也存在划伤轴颈表面的危险，如图 2-3-3 所示。如果磨损严重，很可能会影响活塞上下运动的冲程长短，降低燃烧效率，自然也会以较小动力输出。此外，曲轴还可能因为润滑不足或机油过稀，造成轴颈表面的烧伤，严重情况下会影响活塞的往复运动。因此一定要用合适黏度的润滑油，且要保证机油的清洁度。

图 2-3-3　曲轴连杆轴颈上的磨损

（2）飞轮。

在活塞的 4 个行程中，只有一次是做功的，进气、压缩、排气 3 个行程都需要一定的力量支持才能顺利进行，而飞轮在这个过程中就起了相当大的作用。

飞轮的体积很大，之所以做得比较大，主要是为了储存发动机的运动能量，这样才能保证曲轴平稳地运转。其实这个原理跟我们小时候玩的陀螺玩具差不多，我们用力旋转后，它能保持相当长时间的转动，这样就不难理解大的飞轮为什么可以储存能量了。另外，飞轮外缘镶有齿环，与起动机相连，通过起动机带动飞轮旋转从而启动发动机，如图 2-3-4 所示。

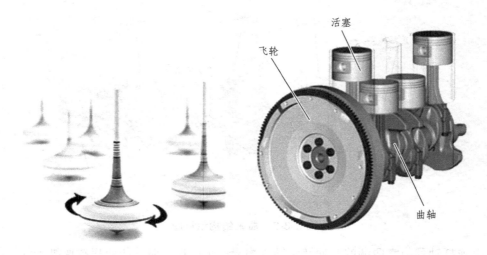

图 2-3-4　曲轴飞轮与陀螺类似

二、基本技能

1．曲轴飞轮组的拆装与检修

下面以丰田卡罗拉 1ZR-FE 发动机为例，介绍曲轴飞轮组的拆装及检修步骤。

（1）准备工作。

① 防护装备：工作服、工作帽、手套、劳保鞋。

② 实训设备：1ZR-FE 发动机一台、台虎钳等。

③ 手工工具：拆装工具一套，含套筒、橡胶锤、扭力扳手、磁棒、活塞环扩张器等。

④ 量具：塞尺、游标卡尺、外径千分尺、塑料间隙规等。

⑤ 专用工具：曲轴固定工具 SST 09213-58013、09330-00021，后油封安装工具 SST 09223-15030、09950-70010（09951-07100）。

⑥ 材料准备：抹布、机油、汽油等。

（2）曲轴飞轮组的拆卸。

① 拆卸飞轮分总成（MT）或传动板和齿圈分总成（AT）。

a. 如图 2-3-5 所示，用 SST 固定住曲轴。

b. 如图 2-3-6 所示，拆下 8 个螺栓和飞轮。

② 拆卸发动机后油封。

如图 2-3-7 所示，用螺丝刀撬出油封。

图 2-3-5　固定曲轴

图 2-3-6　拆卸飞轮

图 2-3-7　拆卸油封

注意：拆下油封后检查曲轴后端是否损坏。

③ 拆卸加强曲轴箱总成。

a. 如图 2-3-8 所示，均匀地拧松并拆下 11 个螺栓。

b. 如图 2-3-9 所示，用螺丝刀撬动曲轴箱和气缸体之间的部位，拆下曲轴箱。注意不要损坏曲轴箱和气缸体的接触面。

图 2-3-8　拆下加强曲轴箱螺栓

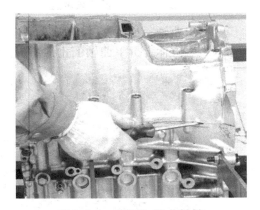
图 2-3-9　拆下加强曲轴箱

④ 按图 2-3-10 所示的顺序，均匀地拧松并拆下曲轴 10 个主轴承盖螺栓。

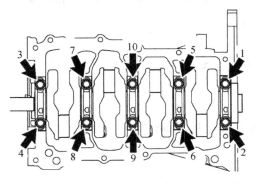

图 2-3-10　拆卸曲轴主轴承盖螺栓

⑤ 如图 2-3-11 所示，用 2 个已拆下的主轴承盖螺栓拆下 5 个主轴承盖和 5 个下轴承。

注意：依次将螺栓插入主轴承盖。轻轻地向上拉并向气缸体的前、后侧施加力，将轴承盖拉出。注意不要损坏轴承盖和气缸体的接触面。

提示：

a. 将下轴承和主轴承盖作为一个组件保存。

b. 按正确的顺序摆放主轴承盖，如图 2-3-12 所示。

图 2-3-11　拆下轴承盖

图 2-3-12　零件摆放

⑥ 取出曲轴，如图 2-3-13 所示。

⑦ 从气缸体上拆下曲轴上止推垫圈，如图 2-3-14 所示。

图 2-3-13　取出曲轴

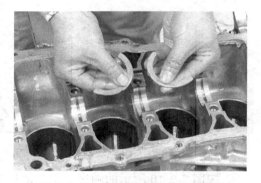

图 2-3-14　拆下曲轴上止推垫圈

⑧ 从气缸体上拆下 5 个主轴承，如图 2-3-15 所示。

提示：按正确的顺序摆放轴承。

⑨ 从 5 个主轴承盖上拆下 5 个下主轴承，如图 2-3-16 所示。

提示：按正确的顺序摆放轴承。

⑩ 机油喷嘴拆卸。

如图 2-3-17 所示，用 5 mm 六角套筒扳手拆下螺栓和机油喷嘴。

⑪ 清洁气缸体。

如图 2-3-18 所示，清洁气缸体。

图 2-3-15 从缸体上拆下主轴承

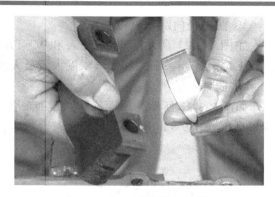

图 2-3-16 拆下下主轴承

图 2-3-17 拆卸机油喷嘴

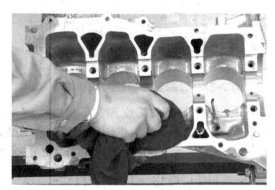

图 2-3-18 清洁缸体

注意：如果在高温下清洗气缸，气缸套会伸出气缸体。因此，在温度为 45 ℃ 或以下时清洗气缸。

（3）曲轴飞轮组的检测。

① 曲轴及各零件的清洁。

提示：清洁过程中仔细检查各零件外观是否损伤，应无磨损、麻点或划痕，否则应更换。

a. 如图 2-3-19 所示，清洁曲轴、轴承盖及轴瓦、曲轴主轴承上瓦、曲轴止推垫片、气缸体等。

b. 如图 2-3-20 所示，用压缩空气吹干各零件，并吹通曲轴主轴承座上的各油道。

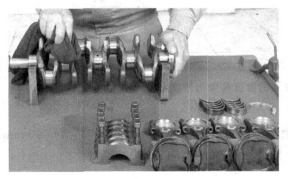

图 2-3-19 清洁已拆卸下的曲轴连杆组零件

图 2-3-20 用压缩空气吹干各零件并吹通油道

② 曲轴径向跳动值检测。

如图 2-3-21 所示，用百分表和 V 形块测量径向跳动值。最大径向跳动为 0.03 mm（0.001 2 in），如果锥度和变形程度大于最大值，则更换曲轴。

③ 曲轴主轴颈直径检测。

如图 2-3-22 所示，用螺旋测微器测量各主轴颈的直径。标准直径为 47.988 ~ 48.000 mm（1.889 3 ~ 1.889 8 in），如果直径不符合规定，则检查曲轴油膜间隙或更换曲轴。

图 2-3-21　测量曲轴径向跳动值　　　　图 2-3-22　测量曲轴主轴颈直径

④ 曲轴主轴径的锥度和变形程度检测。

如图 2-3-23 所示，根据图示位置测量主轴颈直径，检查各主轴颈的锥度和变形程度。最大锥度和变形程度为 0.004 mm（0.000 2 in），如果锥度和变形程度大于最大值，则更换曲轴。

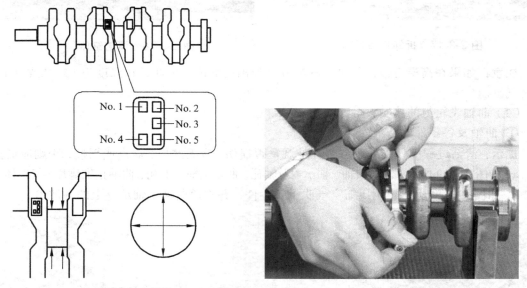

图 2-3-23　检查主轴颈的锥度和变形程度

⑤ 曲轴曲柄销检测。

如图 2-3-24 所示，用螺旋测微器测量各曲柄销的直径。标准直径为 43.992 ~ 44.000 mm（1.732 0 ~ 1.732 3 in），如果直径不符合规定，则检查连杆油膜间隙或更换连杆。

⑥ 曲轴曲柄销的锥度和变形程度检测。

如图 2-3-25 所示，根据图示位置测量曲柄销直径，检查各曲柄销的锥度和变形程度。最大锥度和变形程度为 0.004 mm（0.000 2 in），如果锥度和变形程度大于最大值，则更换曲轴。

图 2-3-24　测量曲轴曲柄销直径

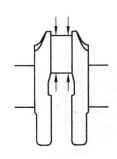
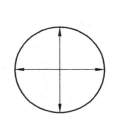
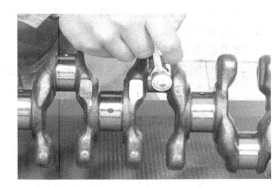

图 2-3-25　检查各曲柄销的锥度和变形程度

⑦ 曲轴轴向间隙检测。

a. 如图 2-3-26 所示，安装主轴承盖和曲轴。

图 2-3-26　安装主轴承盖

b. 如图 2-3-27 所示，安装百分表，用螺丝刀来回撬动曲轴的同时，用百分表测量轴向间隙。标准轴向间隙为 0.04 ~ 0.14 mm（0.001 6 ~ 0.005 5 in），最大轴向间隙为 0.18 mm（0.007 1 in），如果轴向间隙大于最大值，则成套更换止推垫圈。

提示： 止推垫圈厚度为 2.43 ~ 2.48 mm（0.095 7 ~ 0.097 6 in）。

图 2-3-27　测量轴向间隙

⑧ 曲轴油膜间隙检测。

根据以下方法检查曲轴油膜间隙：

a. 清洁并检查曲轴轴颈和轴承是否有点蚀和划痕。

b. 安装曲轴轴承。

c. 将曲轴放到气缸体上。

d. 将塑料间隙规摆放在各轴颈上，如图 2-3-28 所示。

图 2-3-28　放置塑料间隙规

e. 检查朝前标记和数字，并将轴承盖安装到气缸体上。

提示： 各主轴承盖上都标有一个数字以指明安装位置。

f. 安装主轴承盖。

注意： 不要转动曲轴。

g. 拆下主轴承盖。

h. 测量塑料间隙规最宽处，如图 2-3-29 所示。

标准油膜间隙为 0.016 ~ 0.039 mm（0.000 6 ~ 0.001 5 in），最大油膜间隙为 0.050 mm（0.002 0 in）。如果油膜间隙大于最大值，则更换曲轴轴承。如有必要，则更换曲轴。

注意： 测量后拆下塑料间隙规。

（4）曲轴飞轮组的安装。

① 安装曲轴上轴承（除 3 号轴颈外）。

如图 2-3-30 所示，将带机油槽的上轴承安装到气缸体上，用刻度尺测量气缸体边缘和上轴承边缘间的距离。

图 2-3-29　检查曲轴油膜间隙

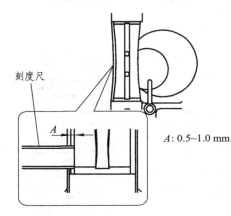

刻度尺

A: 0.5~1.0 mm

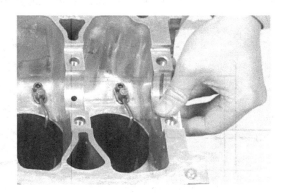

图 2-3-30　安装上轴承

尺寸 A 为 0.5 ~ 1.0 mm（0.020 ~ 0.039 in）。

② 安装 3 号轴颈曲轴上轴承。

将带机油槽的上轴承安装到气缸体上，用游标卡尺测量气缸体边缘和上轴承边缘间的距离，如图 2-3-31 所示。

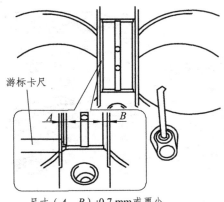

游标卡尺

尺寸（A，B）:0.7 mm 或更小

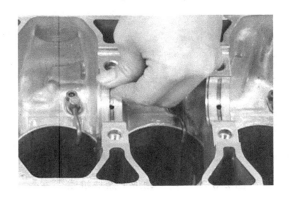

图 2-3-31　安装 3 号上轴承

尺寸（A、B）为 0.7 mm（0.027 6 in）或更小。

③ 安装曲轴上止推垫圈。

如图 2-3-32 所示，使机油槽向外，将 2 个止推垫圈安装到气缸体的 3 号轴颈下方，并在曲轴止推垫圈上涂抹发动机机油。

④ 安装曲轴下轴承。

如图 2-3-33 所示，将下轴承安装到轴承盖上，用游标卡尺测量轴承盖边缘和下轴承边缘间的距离。

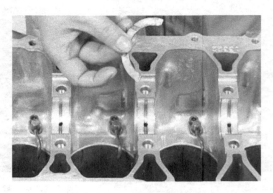

图 2-3-32　安装止推垫圈

尺寸（A、B）为 0.7 mm（0.027 6 in）或更小。

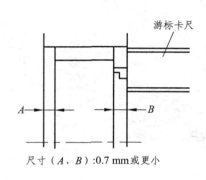

图 2-3-33　安装曲轴下轴承

⑤ 安装曲轴。

a. 在上轴承上涂抹发动机机油，如图 2-3-34 所示。

b. 在下轴承上涂抹发动机机油，如图 2-3-35 所示。

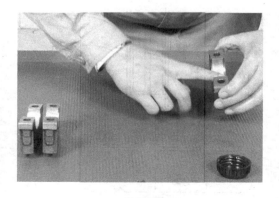

图 2-3-34　在上轴承上涂抹机油　　　　图 2-3-35　在下轴承上涂抹机油

c. 将曲轴安装到气缸体上，如图 2-3-36 所示。

图 2-3-36　安装曲轴

d. 检查数字标记，并将轴承盖安装到气缸体上，如图 2-3-37 所示。

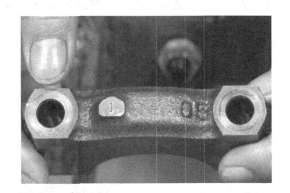

图 2-3-37　按标记安装轴承盖

e. 如图 2-3-38 所示，在轴承盖螺栓的螺纹上和轴承盖螺栓下涂抹一薄层发动机机油，暂时安装 10 个主轴承盖螺栓。

图 2-3-38　暂时安装轴承盖螺栓

提示：确保轴承盖安装正确。

f. 如图 2-3-39 所示，用塑料锤轻轻敲击轴承盖以确保正确安装。

g. 安装曲轴轴承盖螺栓。

图 2-3-39 敲击轴承盖

注意： 主轴承盖螺栓的紧固分两步完成。

第一步：按图 2-3-40 所示的顺序安装并均匀紧固 10 个主轴承盖螺栓，扭矩为 40 N·m。

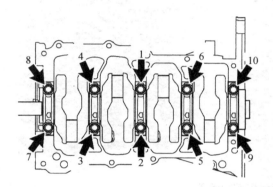

图 2-3-40 紧固螺栓（第一步）

第二步：用油漆在轴承盖螺栓前端做标记，按图 2-3-40 所示的顺序，将轴承盖螺栓再紧固 90°，检查并确认油漆标记现在与前端成 90° 角，如图 2-3-41 所示。

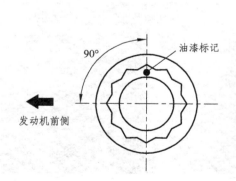

图 2-3-41 紧固螺栓（第二步）

h. 检查并确认曲轴转动顺畅，检查曲轴轴向间隙（参照前文）。

⑥ 安装发动机后油封。

a. 如图 2-3-42 所示，在新油封唇口涂抹通用润滑脂。

注意： 使唇口远离异物。

b. 用 SST（SST 09223-15030、09950-70010、09951-07100）和锤子敲入油封，直到其表面与后油封座圈边缘齐平，如图 2-3-43 所示。

图 2-3-42　在新油封唇口涂抹通用润滑脂

图 2-3-43　安装油封

注意：

- 擦去曲轴上多余的润滑脂。
- 不要斜敲油封。

⑦ 安装加强曲轴箱总成。

a. 清洁加强曲轴箱，如图 2-3-44 所示。

b. 在接合面及螺栓孔位置连续涂抹密封胶（直径为 2.5 mm），如图 2-3-45 所示。

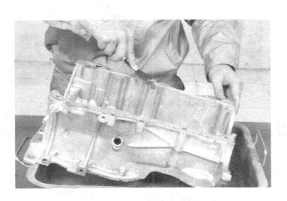

图 2-3-44　清洁加强曲轴箱

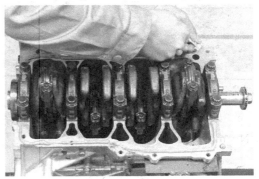

图 2-3-45　涂抹密封胶

注意：

- 清除接触面的所有机油。
- 涂抹密封胶后 3 min 内安装曲轴箱。
- 安装加强曲轴箱后，至少 2 h 内不要启动发动机。

c. 用 11 个螺栓安装加强曲轴箱，如图 2-3-46 所示，扭矩为 21 N·m。

d. 用干净的布擦去多余的密封胶，如图 2-3-47 所示。

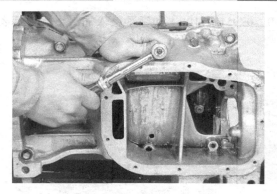

图 2-3-46　安装加强曲轴箱

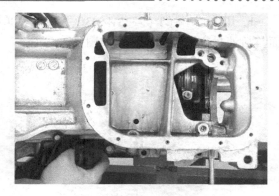

图 2-3-47　清洁外表面

⑧ 安装飞轮分总成（以 MT 为例）。

a. 暂时安装曲轴皮带轮，并用 SST（SST 09213-58013，09330-00021）固定住曲轴，如图 2-3-48 所示。

注意：安装 SST 时要检查其安装位置，以防止 SST 安装螺栓接触正时链条盖分总成。

b. 如图 2-3-49 所示，在新螺栓的 2 个或 3 个螺纹端上涂抹黏合剂。

图 2-3-48　暂时安装并固定曲轴皮带轮总成

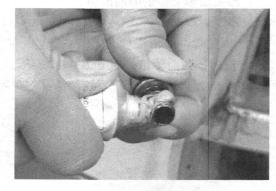

图 2-3-49　螺栓涂抹黏合剂

c. 安装飞轮，并按图 2-3-50 所示的顺序分几个步骤均匀地安装和紧固 8 个螺栓，扭矩为 49 N·m。

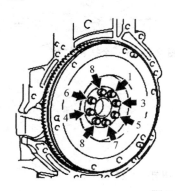

图 2-3-50　紧固飞轮螺栓（MT）

d. 如图 2-3-51 所示，在螺栓上做标记，用油漆在螺栓前端做标记。

图 2-3-51 在螺栓上做标记

e. 按相同的顺序将 8 个螺栓再紧固 90°，如图 2-3-52 所示。

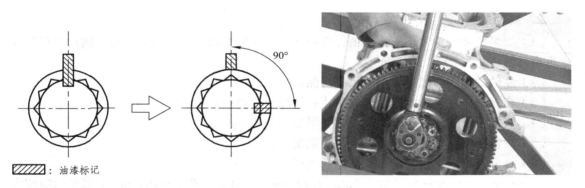

图 2-3-52 再次紧固螺栓

f. 检查并确认油漆标记现在与前端成 90° 角。

g. 检查并确认曲轴转动顺畅。

三、学习小结

（1）曲轴飞轮组的组成：曲轴（前端轴、主轴颈、连杆轴颈、曲柄、平衡块和后端凸缘）和飞轮。

（2）曲轴飞轮组的拆装步骤。

（3）曲轴飞轮组的检修方法及数据。

四、任务分析

曲轴飞轮组的检修必须严格按照操作规范执行，否则可能造成机械故障。

五、自我评估

1. 填空题

（1）活塞环开口间隙的检测，用活塞将活塞环推入气缸＿＿＿＿＿＿＿左右，使活塞环与气缸的轴向垂直。

（2）曲轴的径向圆跳动应不大于＿＿＿＿＿＿＿。

（3）用校正好的量缸表测量气缸活塞上止点直径，上止点距气缸上平面约＿＿＿＿＿。

（4）连杆的扭曲度，连杆长度在＿＿＿＿＿＿内，其正常值应小于＿＿＿＿＿＿。

（5）气缸盖排气歧管配合面的最大变形量为＿＿＿＿＿＿。

（6）气缸盖进气歧管配合面的最大变形量为＿＿＿＿＿＿。

（7）气缸盖平面的最大变形量为＿＿＿＿＿＿。

（8）气缸体上平面的最大变形量为＿＿＿＿＿＿。

（9）如果连杆轴颈小于标准值，或圆度、圆柱度误差大于＿＿＿＿＿时，则应进行修理或更换曲轴。

2. 判断题

（1）如果曲轴主轴颈小于标准值，或圆度、圆柱度误差大于 0.05 mm 时，则应进行修理或更换曲轴。（　　　）

（2）曲轴的油膜间隙可以用塞尺进行测量。（　　　）

（3）在气缸体 3 号轴承盖两侧安装止推垫片时，油槽向内。（　　　）

（4）气缸盖排气歧管配合面的最大变形量为 0.10 mm。（　　　）

（5）测量活塞直径时，千分尺应与活塞销垂直。（　　　）

（6）百分表可以直接测量出气缸体的直径。（　　　）

（7）曲轴轴向间隙的标准值为 0.02 ~ 0.22 mm，使用极限值为 0.30 mm，如果轴向间隙大于 0.30 mm，应更换止推垫片。（　　　）

（8）曲轴主轴颈的使用极限值为 0.10 mm，如果油膜间隙超过最大值，应更换曲轴主轴瓦；严重时，应更换曲轴。（　　　）

（9）曲轴大瓦的紧固顺序是从左至右依次紧固。（　　　）

（10）活塞环开口间隙过大将出现烧机油现象。（　　　）

3. 选择题

（1）测量曲轴弯曲时必须具备的工具是（　　　）。

    A. 直尺　　　　　　B. 游标卡尺　　　　　C. 千分尺　　　　D. 百分表

（2）曲轴的弯曲度等于径向跳动量的（　　　）。

    A. 2 倍　　　　　　B. 3 倍　　　　　　　C. 4 倍　　　　　D. 0.5 倍

（3）测量活塞环侧隙时，必须具备的测量工具是（　　　）。

    A. 直尺　　　　　　B. 游标卡尺　　　　　C. 厚薄规　　　　D. 百分表

（4）安装活塞环时，活塞环的开口应（　　　）。

    A. 与活塞销轴线的方向一致　　　　　　B. 与活塞销轴线的方向成 45°

    C. 与活塞销轴线的方向成 90°　　　　　D. 与活塞销轴线的方向成 180°

（5）安装活塞环时，第一道气环与第二道气环应相错成（　　　）。

    A. 180°　　　　　B. 90°　　　　　　　C. 45°　　　　　　D. 0°

（6）测量气缸盖的平面度时，必须具备的工具是（　　　）。

    A. 直尺　　　　　B. 游标卡尺　　　　C. 千分尺　　　　D. 刀口尺与厚薄规

工作任务四　曲柄连杆机构典型故障诊断

▰任务情境

一、任务描述

一辆丰田卡罗拉 GL 型轿车，进厂报修发动机异响（噪声），你的主管分配你对发动机进行诊断，你能完成吗？

二、任务提示

发动机异响（噪声）是一种普遍存在的故障现象，分发动机下部噪声和发动机上部噪声。发动机上部主要是配气机构，发动机下部主要是曲柄连杆机构。

▰任务目标

一、知识目标

（1）能描述发动机曲柄连杆机构典型的故障现象；
（2）能描述曲柄连杆机构各组成发出噪声的辨别方法。

二、能力目标

（1）能判断曲柄连杆机构的噪声部位；
（2）能对曲柄连杆机构噪声部位零件进行检测。

▰必备知识

一、基本知识

发动机曲柄连杆机构的典型故障是噪声（异响），发出噪声通常与敲击声有关，且发动机每转动一周即出现一次噪声。当发动机转速为 600 r/min 时，发动机下部噪声将每秒钟出现 10 次左右。过大的活塞销间隙、错误的活塞安装以及过大的主轴承间隙都可能导致发动机下部敲击噪声。

二、基本技能

1. 曲轴主轴承响诊断

（1）现象。

发动机突然加速时会发出沉重而有力的"镗、镗"的金属敲击声，严重时机体发生很大的振动。响声随发动机转速的提高而增大，随负荷的增加而增强，产生响声的部位是在气缸体下部的曲轴箱内。

（2）原因。

① 主轴承盖固定螺栓松动。

② 主轴承减磨合金烧毁或脱落。

③ 主轴承和轴颈磨损过甚、轴向止推装置磨损过甚，造成径向和轴向间隙过大。

④ 曲轴弯曲。

⑤ 机油压力太低、机油变质或曲轴内通连杆轴颈的油道堵塞。

（3）诊断方法。

① 在气缸体下部用听诊仪听诊或在机油加油口处察听，并反复改变发动机转速。当突然加速或减速时，如有明显的沉重响声，则是主轴承响。单缸"断火"时，响声无变化，而相邻两缸"断火"时，响声会明显减弱。当曲轴转速由低速到中速时，出现有节奏而沉重的响声。

② 排放机油，观察如有银白色的粉末，说明拉瓦。打开油底壳进行检查，严重时需拆卸发动机进行检测。

③ 若主轴承盖螺栓松动，必须拆卸瓦盖，检查轴瓦、螺栓、轴颈是否损伤。如果正常，按规定的拧紧力矩拧紧。若主轴承磨损致使与轴颈的配合间隙过大或主轴承表面合金层燃烧脱落，可更换同一修理尺寸的主轴承。当主轴颈磨损时，应修磨主轴颈并配相应修理级别的主轴承。

（4）诊断流程图。

曲轴主轴承响诊断流程如图 2-4-1 所示。

2. 连杆轴承响诊断

（1）现象。

当发动机突然加速时，有"铛、铛、铛"连续明显、轻而短促的金属敲击声，这是连杆轴承响的主要特征；当轴承严重松旷时，怠速运转也能听到明显的响声，机油压力降低；发动机温度变化时，响声不变化；发动机负荷变化时，响声随负荷增加而加剧；单缸断火时，响声明显减弱或消失，但复火时又能立即出现。

（2）原因。

① 连杆轴承盖的固定螺栓松动或折断。

② 连杆轴承减磨合金烧毁或脱落。

③ 连杆轴承或轴颈磨损过甚，造成径向间隙太大。

④ 机油压力太低、机油变质或曲轴内通连杆轴颈的油道堵塞。

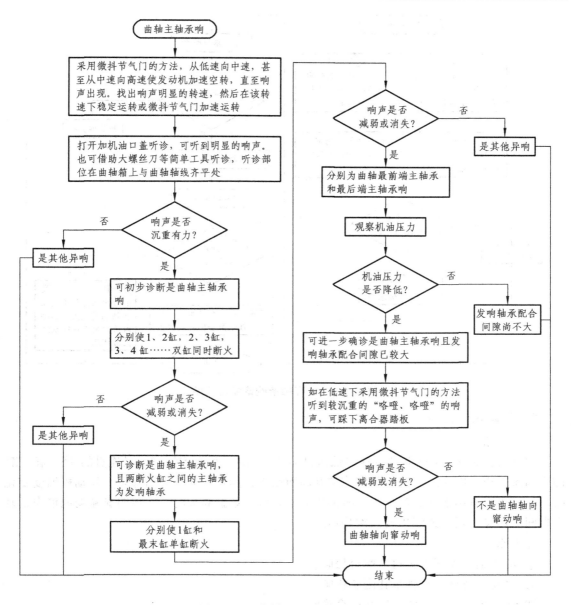

图 2-4-1 主轴承响诊断流程图

（3）诊断方法。

① 快速变换发动机转速，找出异响出现时的发动机转速范围。

② 打开机油加注口盖或用听诊器可听到明显的异响声（气缸盖部位）。

③ 单缸断火时，异响声减弱或消失，可确认为该缸连杆轴承异响。

（4）诊断流程图。

连杆轴承响诊断流程如图 2-4-2 所示。

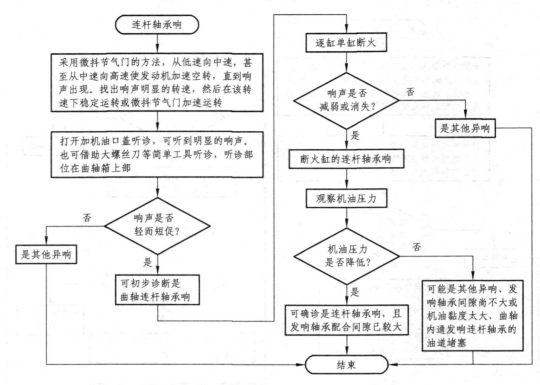

图 2-4-2　连杆轴承响诊断流程图

3. 活塞销响诊断

（1）现象。

发动机在怠速、低速和从怠速向低速抖动节气门时，可听到清脆而又连贯的"嗒、嗒、嗒"的金属敲击声。响声严重时，随转速的升高而增大，随负荷的增大而加重。发动机温度变化时，对响声稍有影响或影响不大。机油压力不降低，单缸断火时，响声明显减弱或消失，复火瞬间响声又出现或连续出现两次响声。

（2）原因。

① 活塞销与连杆小头衬套配合松旷。

② 衬套与连杆小头轴承孔配合松旷。

③ 活塞销与活塞上的销座孔配合松旷。

（3）诊断方法。

① 当发动机转速变化时，将听诊器触及气缸体上部，可听到清脆连续的响声。

② 该缸断火后，响声减弱或消失，在恢复点火瞬间，响声会敏感地突然恢复并出现双响。

③ 若活塞销与连杆小端成套配合间隙过大，应更换新的活塞销和连杆衬套后重新铰削，若活塞销与活塞销座孔配合松旷，应更换新的活塞销和活塞。

（4）诊断流程图。

活塞销响诊断流程如图 2-4-3 所示。

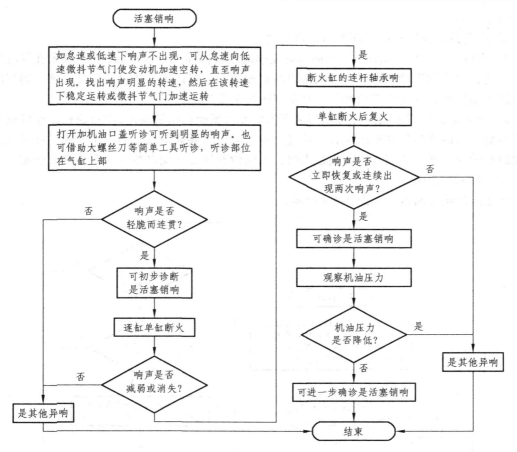

图 2-4-3 活塞销响诊断流程图

4．活塞敲缸响诊断

（1）现象。

发动机在怠速或低速运转时，在气缸的上部发出清晰而明显的"嗒、嗒、嗒"的金属敲击声，而中速以上运转时响声减弱或消失。发动机温度变化时，响声亦变化：多数情况下冷车时响声明显，热车时减弱或消失，但个别原因造成的活塞敲缸响反而在温度升高后加重；响声严重时，负荷越大响声也越大，但机油压力不降低。

（2）原因。

① 活塞与气缸壁配合间隙太大。

② 活塞与气缸壁间润滑条件太差。

③ 活塞在常温时，反椭圆或椭圆度太小。

④ 活塞销与活塞上销座孔装配过紧。

⑤ 活塞销与连杆小头衬套装配过紧。

⑥ 连杆轴承装配过紧。

⑦ 活塞圆柱度过大。

（3）诊断。

① 用听诊器在气缸体上部听诊，声响明显。

② 为进一步证明某缸敲缸，可向怀疑发响的气缸内注入少量机油，使机油附在气缸壁和活塞之间，再启动发动机察听。若敲击声减弱或消失，但运转一段时间后又出现，则判断是该缸活塞敲缸响，这是由于活塞与气缸壁间隙过大所致。

③ 如果是连杆变形或连杆衬套与活塞销装配过紧而产生的响声，应重新校正连杆或修刮连杆衬套。当活塞与气缸壁的配合间隙过大时，若因活塞磨损过大而产生异响，可更换同一修理级别的新活塞；若因气缸磨损过大时，则应镗磨气缸并配以相应修理级别的活塞。

（4）诊断流程图。

活塞敲缸响诊断流程如图 2-4-4 所示。

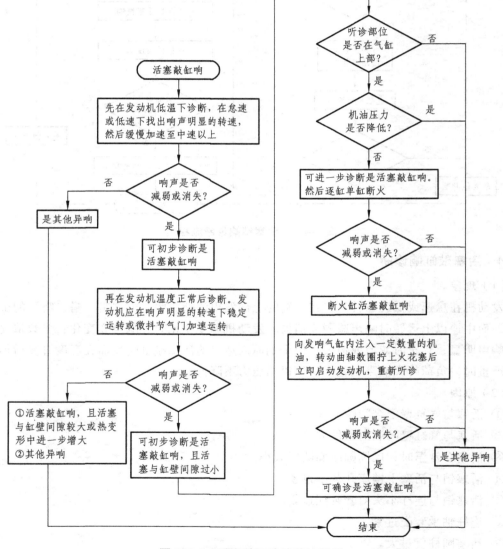

图 2-4-4　活塞敲缸响诊断流程图

5.发动机爆震异响

（1）现象。

① 发动机功率下降。

② 急加油和大负荷出现随转速提高而频率加快的"铛、铛"声，类似于敲缸声。

③ 油耗增加。

（2）原因。

① 正时不正确，点火过早。

② 燃油品质不达标。

③ 积炭过多。

④ 点火信号不正确，如曲轴位置传感器的安装位置不正确。

（3）诊断方法。

① 启动发动机，急速情况下应无异响。

② 缓慢加油门，转速缓慢上升时应无异响。

③ 来回踩动油门，转速在 1 500～3 000 r/min 快速变化时，应出现很清脆、频率很高的敲击声。

④ 大负荷换挡加油时，也会出现很清脆、频率很高的敲击声。

⑤ 检查进气歧管、进气门、活塞顶部是否积炭。

⑥ 检查点火正时和曲轴位置传感器的安装位置。

⑦ 检查燃油品质。

（4）诊断流程图。

爆震异响诊断流程如图 2-4-5 所示。

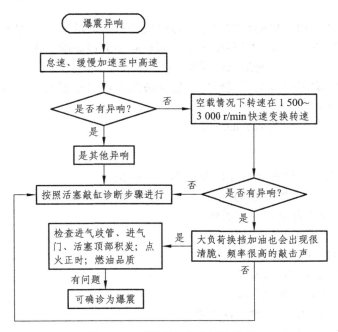

图 2-4-5　爆震异响诊断流程图

三、学习小结

（1）曲轴主轴承响的现象、原因、诊断。
（2）连杆轴承响的现象、原因、诊断。
（3）活塞销响的现象、原因、诊断。
（4）活塞敲缸响的现象、原因、诊断。
（5）发动机爆震异响的现象、原因、诊断。

四、任务分析

除了明显的机械故障以外，曲柄连杆机构是造成发动机异响的原因之一。发动机异响原因复杂，应按流程进行故障诊断。判断故障原因后，根据需要对发动机进行拆检。

五、自我评估

1. 填空题

（1）在发动机转速为 600 r/min 时，发动机下部噪声将每秒钟出现_____次。
（2）曲轴主轴承异响在_____用听诊议以听诊或_____处察听。
（3）放去机油，观察机油如有银白色的粉末，说明_____。
（4）当发动机突然加速时，有"铛、铛、铛"的连续明显、轻而短促的金属敲击声，是_____响的主要特征。
（5）活塞敲缸声是用听诊器在气缸体_____听诊，声响明显。

2. 判断题

（1）由曲柄连杆机构发出的异响声都是随着发动机负荷的增大而增大。（　　　）
（2）活塞销异响不会因发动机温度变化，而响声变大或影响不大。（　　　）
（3）机油压力降低不会影响活塞销异响。（　　　）
（4）单缸断火时响声明显减弱或消失，复火瞬间响声又出现或连续出现两次响声，这种现象属于主轴承异响。（　　　）
（5）燃油品质不会引起发动机的爆震。（　　　）

3. 选择题

（1）下面关于曲轴主轴承异响原因说法不正确的是（　　　）。
　　A. 主轴承盖固定螺栓松动
　　B. 主轴承减磨合金烧毁或脱落
　　C. 主轴承和轴颈磨损过甚
　　D. 活塞销松动
（2）关于活塞敲缸声不正确的是（　　　）。
　　A. 活塞与气缸壁配合间隙太小
　　B. 活塞与气缸壁间润滑条件太差
　　C. 活塞尺寸不正确
　　D. 活塞销与连杆小头衬套装配过紧

附：案例分析

案例一

故障主题	气缸盖变形导致发动机无法启动				
品牌/车型	丰田	年款/VIN		2011	
行驶里程	54 922 km	发动机型号	1.8 L	变速器型号	CVT
故障现象描述：一辆 2011 款丰田汽车，客户反映在回家路上车辆抖动了几下，没走多远发动机熄火就再也不能着车了，打电话救援并拖车至门店					
故障原因分析：发动机熄火无法启动着车故障的原因较多，常见的有以下几种。 （1）燃油系统故障； （2）电路系统故障； （3）润滑系统故障； （4）冷却系统故障； （5）机械故障					
故障排除过程：了解客户描述后，着手进行故障排除。 （1）首先根据客户描述对外观进行检查； （2）发现冷却液偏少； （3）拔出机油尺，机油成白色、有泡沫并伴有异味； （4）这明显是由于发动机高温而造成的"干锅"现象； （5）拆检发动机，气缸盖严重变形，平面度超过 0.35 mm，更换气缸盖，故障排除					
故障总结：这是一起由驾驶碰撞原因造成冷却液泄漏导致发动机高温的故障，客户在驾驶过程中发生碰撞时，不检查车辆继续行驶，而且在行驶过程中不留意仪表才发生了如此严重的后果。故障原因为发动机冷却液不足导致发动机水温高，气缸盖严重变形导致无缸压，发动机熄火后再也不能着车					

案例二

故障主题	发动机进水导致发动机无法启动				
品牌/车型	大众	年款/VIN		2011	
行驶里程	45 980 km	发动机型号	1.6 L	变速器型号	MT
故障现象描述：一辆 2011 款大众汽车，客户反映在回家路上通过积水路面后，发动机熄火就再也不能着车了，打电话救援并拖车至门店					
故障原因分析：发动机熄火无法启动着车故障的原因较多，常见的有以下几种。 （1）燃油系统故障； （2）电路系统故障； （3）润滑系统故障； （4）冷却系统故障； （5）机械故障					
故障排除过程：了解客户描述后，着手进行故障排除。 （1）首先根据客户描述对外观进行检查； （2）发现发动机气缸体有洞，拆卸空气滤清器发现有水迹； （3）判定车辆在通过积水路面时，发动机进水造成该故障； （4）进一步拆卸发动机，发现三缸活塞连杆断裂，其他几缸活塞连杆有不同程度的弯曲； （5）更换发动机气缸总成、空气滤清器等，故障排除					
故障总结：这是一起由驾驶造成的故障，客户在驾驶过程中通过积水路面时由于驾驶经验不足，造成积水通过发动机进气口吸入发动机，水进入发动机气缸后造成连杆在高压下断裂和弯曲，气缸体被击穿					

案例三

故障主题	曲轴抱死故障			
品牌/车型	卡罗拉 GL	年款/VIN		2012
行驶里程	36 550 km	发动机型号	1.6 L	变速器型号	MT

故障现象描述：车辆无法启动，起动机不运转，只听见"嗒"的一声，打电话救援并拖车至门店

故障原因分析：发动机无法启动着车故障的原因较多，常见的有以下几种。
（1）燃油系统故障；
（2）电路系统故障；
（3）润滑系统故障；
（4）冷却系统故障；
（5）机械故障

故障排除过程：了解客户描述后，着手进行故障排除。
（1）外观检查，蓄电池电压大于 12.5 V，起动机线路完好，防盗未锁闭，冷却液足够，机油标尺上无机油且有焦煳味；
（2）进一步检查，举升车辆检查发动机下部，发现油底壳有撞击痕迹和机油泄漏痕迹，进一步发现油底壳已开裂，机油从此处泄漏；再手动对曲轴进行加力也无法转动；故障初步判定为发动机在缺少机油的情况下继续运行导致发动机抱死，具体有哪些部件受损，需拆解发动机进一步检查；
（3）在客户许可情况下对发动机进行解体检查，发现曲轴轴颈已完全烧蚀，其他部件还在标准范围内；更换曲轴和轴瓦进行维修；
（4）按照发动机大修检验标准进行检验试车，故障消除

故障总结：这是一起由驾驶造成的故障，客户在驾驶过程中不慎将底盘碰撞后，机油泄漏导致发动机无法润滑和冷却，曲轴抱死无法转动

学习项目三　配气机构检修

本学习项目主要学习配气机构的检修，分为 3 个工作任务：工作任务一为气门传动组检修、工作任务二为气门组检修、工作任务三为配气机构典型故障诊断。通过 3 个工作任务的学习，掌握发动机配气机构的结构组成与原理以及拆装与检修的技能，能进行发动机配气机构的检修。

工作任务一　气门传动组检修

■ 任务情境

一、任务描述

一辆丰田卡罗拉 GL 型轿车，进厂报修时的故障现象：发动机排气管"放炮"。经初步检查怀疑配气机构故障，你的主管让你对配气机构进行拆检，你能完成吗？

二、任务提示

根据故障现象，需要对配气机构进行检查。

■ 任务目标

一、知识目标

（1）能描述气门传动组的组成；
（2）能描述气门传动组的拆装步骤；
（3）能描述气门传动组的检修方法及数据。

二、能力目标

（1）能进行气门传动组的拆装；
（2）能进行气门传动组的检修。

一、基本知识

1. 配气机构的认识

配气机构是发动机的重要组成部分，在发动机缸体、活塞、曲轴等部件不变的情况下，装配不同的配气机构可能对发动机性能产生巨大的影响。配气机构包括进、排气门，凸轮轴，进、排气歧管等，如图 3-1-1 所示。配气机构本身也是燃烧室的一部分，它的形状决定了压缩比等因素。以大众 EA113 发动机为例，同样的排量，有每缸 2 气门型号，也有每缸 5 气门型号，这就对性能产生了很大影响。

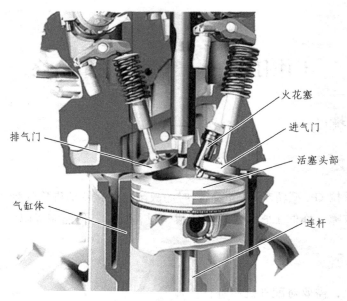

图 3-1-1　气门室控制进、排气的主要部件

配气机构的主要作用是根据发动机的工作情况，适时地开启和关闭各气缸的进、排气门，以使新鲜混合气体及时充满气缸，废气得以及时排出气缸外。

配气机构包括气门传动组和气门组两部分。本任务介绍气门传动组的组成、拆装和检修方法。

2. 气门传动组

气门传动组主要包括凸轮轴（含正时齿轮）、挺柱、推杆、摇臂、正时皮带（链条）等，如图 3-1-2 所示。

（1）凸轮轴。

凸轮轴是一根有多个"尖桃"形凸轮的金属杆，用于驱动气门来实现气门的开启和关闭，如图

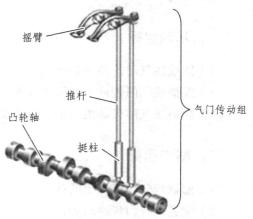

图 3-1-2　气门转动组

3-1-3 所示。凸轮轴依据位置的不同有底置式和顶置式之分,其中底置式凸轮轴需要通过推杆、摇臂等对气门间接控制,转速通常较慢,无法胜任高转速时的需求,输出功率则相对较低,目前已逐渐被顶置式取代。顶置式凸轮轴的结构拉近了其与气门间的距离,除了减小底置式长距离往返运动的能量损失外,还使得原本运转较慢的气门开闭动作更为活跃。

图 3-1-3　凸轮轴实物

凸轮轴在曲轴的带动下不断旋转,凸轮便不断地下压气门(摇臂或挺柱),从而实现控制进、排气门开启和关闭的功能,如图 3-1-4 所示。

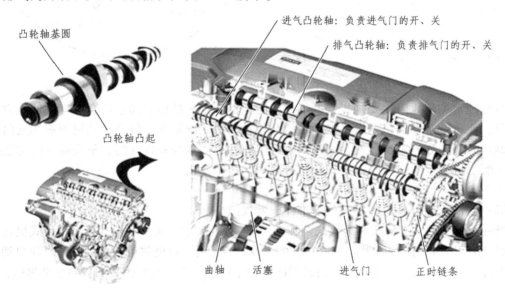

图 3-1-4　凸轮轴的结构及其在发动机内部的布置

气门的开启和关闭主要依靠凸轮轴的周期性旋转下压,凸轮轴的旋转运动主要由曲轴通过正时皮带(或正时链条)驱动,即凸轮轴的动力来源来自曲轴。四冲程发动机完成一个工作循环即曲轴转两圈(720°),每缸进、排气门各开启一次,故凸轮轴只需转一圈即可,因此曲轴转速与凸轮轴转速之比为 2∶1。

① 当凸轮轴上的凸轮基圆部分与挺柱接触时,挺柱不升高,气门处于关闭状态。

② 当凸轮轴上的凸起部分(尖桃)与挺柱接触时,将挺柱顶起,挺柱通过推杆使摇臂绕摇臂轴摆动,摇臂的另一端向下推动气门,压缩气门弹簧,将气门头部推离气门座而打开。

③ 当凸轮的顶点转过挺柱后,便逐渐减小了对挺柱的推力,气门在其弹簧张力的作用下,开度逐渐减小直至关闭,使气缸密封。

从上述工作过程可以看出,气门的开启是通过气门传动组来驱动的,而气门的关闭则是由气门弹簧来完成的,如图 3-1-5 所示。气门的开闭时刻与规律完全取决于凸轮的轮廓曲线形状。

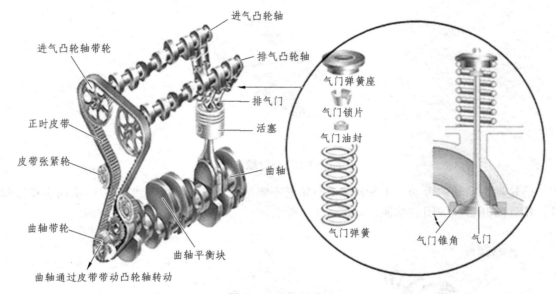

图 3-1-5　气门传动

凸轮轴常见的故障主要是异常磨损,原因为机油泵若使用时间过长会出现供油压力不足的现象,使得位于发动机润滑系统顶端的凸轮轴润滑状况不良,特别是凸轮顶端和气门上方液压挺柱的润滑如若不良,便会减小双方的间隙,会出现晚开进气门、早关排气门的情况,大大影响了进排气效率,降低了发动机的功率和扭矩输出。

（2）挺柱。

挺柱的作用是将凸轮的推力传给推杆或者气门杆。

挺柱常见的形式有筒式和滚轮式两种,如图 3-1-6 所示。大多数发动机采用筒式挺柱,滚轮式挺柱多用于大型柴油机中。筒式挺柱的下端设有油孔,以便将流入挺柱内的机油引到凸轮表面进行润滑。挺柱常用镍铬合金铸铁或冷激合金铸铁制造,其摩擦表面应经热处理后精磨。

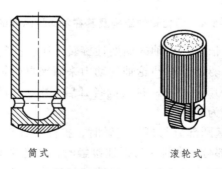

筒式　　　　　　　滚轮式

图 3-1-6　挺柱

目前，越来越多的发动机（尤其是轿车发动机）采用了长度随温度而微量变化的液力挺柱，而不采用预留气门间隙的方法，如图 3-1-7 所示。

图 3-1-7 液力挺柱

液力挺柱的挺柱体内装有柱塞、支承座、弹簧和单向球阀等，如图 3-1-8 所示。

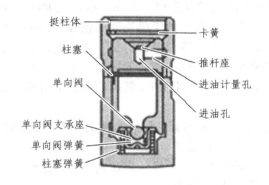

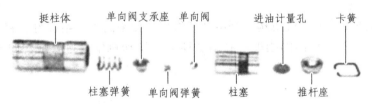

图 3-1-8 液力挺柱的结构

柱塞和支承座被弹簧压向上方，使支承座始终与推杆（或气门杆）接触，并保持挺柱底面与凸轮紧密接触。

发动机工作时，机油从气缸盖油道经挺柱体侧面的油孔流入，并充满挺柱体内腔。

液力挺柱的工作原理（见图 3-1-9）如下：

当气门关闭时，柱塞弹簧使柱塞连同支承座紧靠着推杆（或气门杆），整个气门传动组件之间不存在间隙。

在气门打开的过程中，凸轮推动挺柱体和柱塞上移，柱塞受到气门弹簧的阻力而不能马上上移，导致油压升高，球阀将阀门关闭。由于油液的不可压缩性，整个挺柱如同一个刚体一样上移，将气门打开。

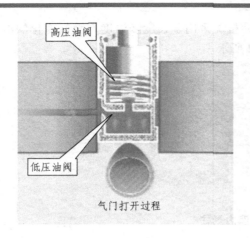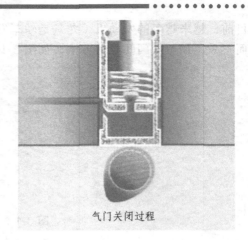

图 3-1-9　液力挺柱的工作原理图

在此期间，柱塞与挺柱体之间的间隙也会存在一些油液泄漏，但不影响气门的正常打开。

在气门关闭的过程中，挺柱下移，由于仍受到凸轮和气门弹簧两方面的顶压，高压油腔仍保持高压，球阀仍处于关闭状态，液力挺柱仍是一个刚性体，直至气门完全关闭为止。

气门关闭以后，柱塞弹簧将挺柱体继续向下推动一个微小的行程（补偿由于油液泄漏而造成的柱塞与挺柱体的下降），此时球阀打开，低压油腔的油液进入高压油腔内补充泄漏掉的油液。

气门受热膨胀伸长时，通过柱塞与挺柱体间隙泄漏一部分，柱塞与挺柱体产生相对运动，从而使挺柱自动"缩短"，保证气门关闭紧密。

当气门冷却收缩时，弹簧将柱塞向上推动，球阀打开，低压油腔油液进入高压油腔，挺柱自动"伸长"，可保持配气机构无间隙。

（3）推杆和摇臂。

采用下置式凸轮轴的配气机构，利用推杆将挺柱传来的力传给摇臂。它是气门机构中最易弯曲的零件，要求有很高的刚度。在动载荷大的发动机中，推杆应尽量做得短些，如图3-1-10所示。

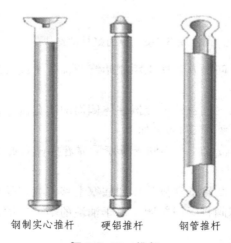

钢制实心推杆　　硬铝推杆　　钢管推杆

图 3-1-10　推杆

推杆可以是实心的，也可以是空心的。钢制实心推杆，一般与球形支座锻成一个整体，然后进行热处理。硬铝棒制成的推杆，推杆两端配以钢制的支承。钢管推杆是钢管制成的推杆。硬铝推杆的球头是直接锻成，然后经过精磨加工的。钢管推杆的球支承则是压配的，并经淬火和磨光，以保证其耐磨性。

摇臂（见图 3-1-11）实际上是一个双臂杠杆，用来将推杆传来的力改变方向，作用到气门杆端以推开气门。摇臂的两边臂长的比值（称为摇臂比）为 1.2～1.8，其中长臂一端是推动气门的。端头的工作表面一般制成圆柱形，当摇臂摆动时可沿气门杆端面滚滑。这样可以使二者之间的力尽可能沿气门轴线作用。摇臂内还钻有润滑油道和油孔。在摇臂的短臂端螺纹孔中旋入用以调节气门间隙的调节螺钉，螺钉的球头与推杆顶端的凹球座相接触。

图 3-1-11　摇臂

摇臂通过衬套空套在摇臂轴上，而摇臂轴又支承在支座上，摇臂上还钻有油孔。摇臂轴为空心管状结构，机油从支座的油道经摇臂轴内腔和摇臂中的油道流向摇臂两端进行润滑。为了防止摇臂的窜动，在摇臂轴上每两摇臂之间都装有定位弹簧，如图 3-1-12 所示。

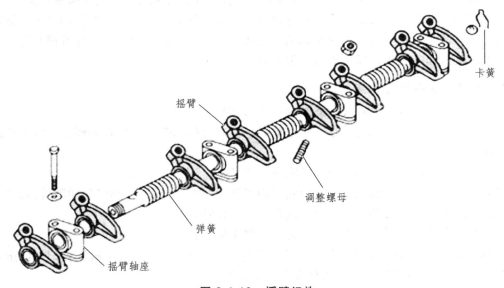

图 3-1-12　摇臂组件

（4）正时皮带与正时链条。

正时皮带或链条（见图 3-1-13 和图 3-1-14）是发动机凸轮轴和曲轴的连接件，当发动机从静止由起动机转动曲轴时，正时皮带便也开始工作，通过与曲轴的配合，来调节发动机进、排气门开启或关闭的时间，以保证气缸能够正常吸气和排气。正时链条上的几个明显的标记，按照严格的技术要求和工艺标准安装对准后，便可以实现曲轴和凸轮轴间的良好配合，从而确定进、排气门开启和关闭的时间，以完成燃料化学能向曲轴动能的转变。

图 3-1-13　链条传动的正时机构

图 3-1-14　正时皮带

橡胶材质的正时皮带随着工作时间的增长，容易发生磨损或老化，使皮带接触面发生较大的变形。若长期不更换，皮带很容易发生跳齿或断裂现象，导致发动机不能正常工作，便会出现怠速不稳、加速不良或打不着车的情况。因此为了安全起见，一定要按照厂家的要求，在规定周期内对皮带进行更换。不过随着制造技术水平的提高，部分发动机的皮带已被链条所替代。正时链条由强度较大的钢材制成，金属的强度要远远大于橡胶，这就使其变形程度大大降低，跳齿和断裂现象发生的几率微乎其微。

3. 气门间隙检查与调整

（1）机械挺柱（挺筒）式气门间隙的检查与调整。

气门间隙应符合原厂规定。在二级维护时，应对气门间隙进行检查和调整。以下介绍几种调整方法。

① 气门间隙的二次调整法——"双排不进法"。

其中的"双"指该缸的进、排气门间隙均可调；"排"指该缸仅排气门间隙可调；"不"指进、排气门间隙均不可调；"进"指该缸的进气门间隙可调。

二次调整法的操作程序（以 6 缸发动机为例）如下：

a. 从飞轮壳上的检视孔中顺时针拨动飞轮齿环，至飞轮上的"1-6 缸"标记与固定在飞轮壳内的指针对准，说明 1、6 缸均处在上止点位置。

b. 检查第一缸两气门摇臂能否绕轴颈微摆，若第一缸进、排气门摇臂均能摆动，则第一缸处于压缩上止点。

c. 按"双、排、不、进"原则检查，调整气门间隙。

d. 用同样的方法将曲轴再转一圈，确认第 6 缸处于压缩行程上止点后，以"不、进、双、排"原则检查，调整剩余的气门。

几种工作顺序不同的发动机可调气门的排列如表 3-1-1～3-1-5 所示。

表 3-1-1　6 缸发动机可调气门的排列

工作顺序	1	5	3	6	2	4
	1	4	2	6	3	5
第一遍（1 缸在压缩上止点）	双	排		不	进	
第二遍（6 缸在压缩上止点）	不	进		双	排	

表 3-1-2　5 缸发动机可调气门的排列

工作顺序	1	2	4	5	3
第一遍（1 缸在压缩上止点）	双	排	不		进
第二遍（1 缸在排气上止点）	不	进	双		排

表 3-1-3　4 缸发动机可调气门的排列

工作顺序	1	3	4	2
	1	2	4	3
第一遍（1 缸在压缩上止点）	双	排	不	进
第二遍（4 缸在压缩上止点）	不	进	双	排

表 3-1-4　8 缸发动机可调气门的排列

工作顺序	1	5	4	2	6	3	7	8
第一遍（1 缸在压缩上止点）	双	排			不	进		
第二遍（6 缸在压缩上止点）	不	进			双	排		

表 3-1-5　3 缸发动机可调气门的排列

工作顺序	1	2	3
第一遍（1 缸在压缩上止点）	双	排	进
第二遍（1 缸在排气上止点）	不	进	排

② 气门间隙的逐缸调整法。

其调整步骤如下：

a. 打开气门室盖，检查哪一缸的进、排气门均处于关闭状态（如是凸轮轴上置式，则看哪一缸进、排气门凸轮的基圆对准气门杆）。

b. 可检查与调整该缸进、排气门的间隙。

c. 转动曲轴，以同样的方法检查其余各缸气门的间隙。

③ 气门间隙的调整方法。

a. 拆下摇臂室罩，盘车至适当位置，使用专用扳手和螺丝刀，松开气门调整螺钉的锁紧螺母，将适当厚度的塞尺插入气门杆与摇臂之间，拧动调整螺钉，使塞尺被轻轻压住，抽出时稍有压力即可。在使用专用气门调节扭矩扳手时，先松开调整螺钉的锁紧螺母，将适当厚度的塞尺插入气门杆与摇臂之间，再用专用扭矩扳手拧紧调节螺钉。

b. 调好后拧紧锁紧螺母，然后用塞尺复查一次。

（2）液力挺柱式气门间隙的检查。

液力（或称液压）挺柱不需要调整，但在大修发动机时需注意以下几点：

① 若下部压力室没有机油，切勿来回活动液压挺柱柱塞。

② 用清洁发动机机油加注液压挺柱。

注意：避免刮擦到液压挺柱的枢轴球面。

③ 用清洁发动机机油润滑气缸盖中的液压挺柱，注满液压挺柱后，切勿使液压挺柱倒置或柱塞朝下。

④ 将液压挺柱安装到气缸盖上，将足量发动机机油涂到液压挺柱的枢轴球面上，如图3-1-15所示。

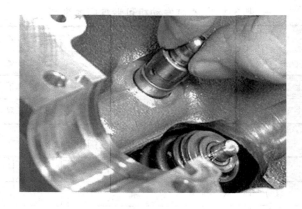

图 3-1-15　安装液压挺柱

二、基本技能

下面以丰田卡罗拉 1ZR-FE 发动机为例，介绍气门传动组的拆装及检修步骤。

（1）准备工作。

① 防护装备：工作服、工作帽、手套、劳保鞋。

② 实训设备：1ZR-FE 发动机一台或同类发动机。

③ 手工工具：拆装工具一套、维修螺栓等。

④ 量具：塞尺、游标卡尺、外径千分尺、塑料间隙规等。

⑤ 专用工具：曲轴固定工具 SST 09213-58013、09330-00021，正时盖油封安装工具 SST 09223-22010。

⑥ 材料准备：翼子板布和前格栅布、三件套、抹布、机油、汽油等。

（2）气门传动组的拆卸。

① 将 1 号气缸设置到 TDC/压缩。

a. 转动曲轴皮带轮，直到其凹槽与正时链条盖上的正时标记"0"对准，如图 3-1-16 所示。

b. 如图 3-1-17 所示，检查并确认凸轮轴正时齿轮和链轮上的各正时标记和位于 1 号和 2 号轴承盖上的各正时标记是否对准。如果没有对准，则转动曲轴 1 圈（360°），对准正时标记。

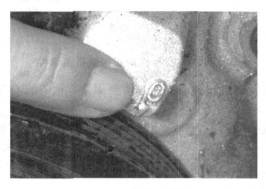

图 3-1-16　曲轴皮带轮记号

图 3-1-17　正时标记

② 拆卸曲轴皮带轮。

a. 如图 3-1-18 所示，用 SST（SST 09213-58013、09330-00021）固定皮带轮位置并松开皮带轮螺栓。

注意：安装 SST 时要检查其安装位置，以防止 SST 安装螺栓接触正时链条盖分总成。

b. 如图 3-1-19 所示，拆下曲轴皮带轮和皮带轮螺栓。

图 3-1-18　固定曲轴皮带轮

图 3-1-19　拆卸曲轴皮带轮

③ 拆卸 1 号链条张紧器总成。

如图 3-1-20 所示，拆下 2 个螺母、托架、张紧器和衬垫。

注意：不要在不使用链条张紧器的情况下转动曲轴。

④ 拆卸正时链条盖分总成。

a. 如图 3-1-21 所示，拆下 19 个螺栓。

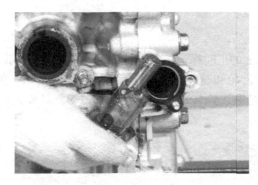

图 3-1-20　拆卸张紧器总成

图 3-1-21　拆卸正时链条盖螺栓

提示：拆卸正时链条盖分总成时，需要拆卸发动机支架、机油滤清器支架、相关的 O 形圈、固定螺栓、冷却液泵及衬垫。

b. 如图 3-1-22 所示，用螺丝刀撬动正时链条盖和气缸盖或气缸体之间的部位，拆下正时链条盖。

注意：不要损坏正时链条盖、气缸体和气缸盖的接触面。

提示：使用螺丝刀之前，请在螺丝刀头部缠上胶带。

c. 如图 3-1-23 所示，拆下 3 个 O 形圈。

图 3-1-22　拆下正时链条盖

图 3-1-23　拆下 3 个 O 形圈

⑤ 拆卸链条张紧器导板。

如图 3-1-24 所示，拆卸链条张紧器导板。

图 3-1-24　拆卸链条张紧器导板

⑥ 拆卸 1 号链条振动阻尼器。

如图 3-1-25 所示，拆下 2 个螺栓和 1 号链条振动阻尼器。

⑦ 拆卸链条分总成。

a. 用扳手固定住凸轮轴的六角头部分，并逆时针旋转凸轮轴正时齿轮总成，以松开凸轮轴正时齿轮之间的链条，如图 3-1-26 所示。

图 3-1-25　拆卸链条振动阻尼器

图 3-1-26　固定凸轮轴

b. 链条松开时，将链条从凸轮轴正时齿轮总成上松开，并将其放置在凸轮轴正时齿轮总成上。

提示： 确保将链条从链轮上完全松开。

c. 顺时针转动凸轮轴，使其回到原来位置，并拆下链条，如图 3-1-27 所示。

⑧ 拆卸 2 号链条振动阻尼器。

如图 3-1-28 所示，拆下 2 个螺栓和 2 号链条振动阻尼器。

图 3-1-27　拆卸链条分总成

图 3-1-28　拆下 2 号链条振动阻尼器

⑨ 拆卸凸轮轴正时齿轮总成。

如图 3-1-29 所示，固定凸轮轴的六角头部分的同时，拆下凸缘螺栓，然后拆下凸轮轴正时齿轮总成。

注意：

a. 拆下凸轮轴正时齿轮前，确保锁销已松开。

b. 不要拆下另外 4 个螺栓，如图 3-1-30 所示。

图 3-1-29 拆卸凸轮轴正时齿轮

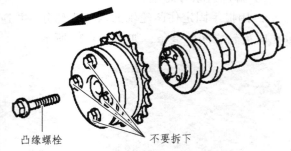

凸缘螺栓

不要拆下

图 3-1-30 凸轮轴正时齿轮螺栓

c. 将凸轮轴正时齿轮总成从凸轮轴上拆下时，要使其保持水平。

⑩ 拆卸排气凸轮轴正时齿轮总成。

如图 3-1-31 所示，固定凸轮轴的六角头部分的同时，拆下凸缘螺栓，拆下排气凸轮轴正时齿轮总成。

注意：

a. 如图 3-1-32 所示，不要拆下另外 4 个螺栓。

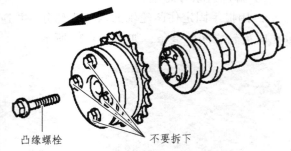

不要拆下

凸缘螺栓

不要拆下

图 3-1-31 拆卸排气凸轮轴正时齿轮

图 3-1-32 排气凸轮轴正时齿轮螺栓

b. 将排气凸轮轴正时齿轮总成从凸轮轴上拆下时，要使其保持水平。

⑪ 拆卸凸轮轴轴承盖。

a. 按如图 3-1-33 所示的顺序，均匀地拧松并拆下 10 个轴承盖螺栓。

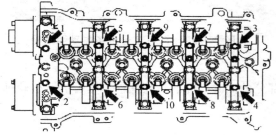

图 3-1-33 凸轮轴轴承盖螺栓拆卸的顺序

b. 如图 3-1-34 所示，均匀地拧松并拆下 15 个轴承盖螺栓。

注意：曲轴处于水平状态的同时均匀地拧松螺栓。

c. 如图 3-1-35 所示，取下 5 个轴承盖。

图 3-1-34　拆卸凸轮轴轴承盖螺栓

图 3-1-35　取下凸轮轴轴承盖

提示：如图 3-1-36 所示，按正确的顺序摆放拆下的零件。

⑫ 拆卸凸轮轴。

如图 3-1-37 所示，小心拆下凸轮轴。

图 3-1-36　摆放凸轮轴轴承盖的顺序

图 3-1-37　拆下凸轮轴

⑬ 拆卸 2 号凸轮轴。

如图 3-1-38 所示，小心拆下 2 号凸轮轴。

⑭ 拆卸气门摇臂。

如图 3-1-39 所示，拆下 16 个气门摇臂。

图 3-1-38　拆下 2 号凸轮轴

图 3-1-39　拆下气门摇臂

提示：按正确的顺序摆放拆下的零件。

⑮ 拆卸气门间隙调节器。

如图 3-1-40 所示，从气缸盖上拆下 16 个气门间隙调节器（液力挺柱）。

图 3-1-40　拆下气门间隙调节器

提示：按正确的顺序摆放拆下的零件。

⑯ 拆卸 1 号凸轮轴轴承。

如图 3-1-41 所示，拆下 2 个 1 号凸轮轴轴承。

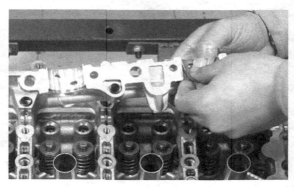

图 3-1-41　拆下 1 号凸轮轴轴承

⑰ 拆卸 2 号凸轮轴轴承。

如图 3-1-42 所示，拆下 2 个 2 号凸轮轴轴承。

图 3-1-42　拆下 2 号凸轮轴轴承

⑱ 拆卸凸轮轴壳分总成。

a. 如图 3-1-43 所示，拆下 2 个螺栓。

图 3-1-43　拆下凸轮轴壳螺栓

b. 如图 3-1-44 所示，用螺丝刀撬动气缸盖和凸轮轴壳之间的部位，拆下凸轮轴壳。

图 3-1-44　拆下凸轮轴壳

注意：不要损坏气缸盖和凸轮轴壳的接触面。

提示：使用螺丝刀之前，请在螺丝刀头部缠上胶带，如图 3-1-45 所示。

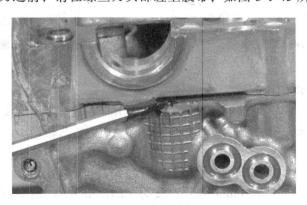

图 3-1-45　凸轮轴壳撬动位置

（3）气门传动组的安装和检测。

① 安装凸轮轴壳分总成。

a. 如图 3-1-46 所示，清洁凸轮轴壳分总成。

图 3-1-46　清洁凸轮轴壳分总成

b. 如图 3-1-47 所示，连续涂抹密封胶。密封直径为 3.5 ~ 4.0 mm（0.138 ~ 0.158 in）。

注意：

- 清除接触面的所有机油。
- 在涂抹密封胶后 3 min 内安装凸轮轴壳分总成。
- 安装后至少 2 h 内不要启动发动机。

c. 如图 3-1-48 所示，将凸轮轴壳分总成安装至气缸盖上，安装两个螺栓。

图 3-1-47　涂抹密封胶

图 3-1-48　安装凸轮轴壳

② 凸轮轴检测。

a. 凸轮轴的径向跳动检测。

如图 3-1-49 所示，将凸轮轴放在 V 形块上，使用百分表测量中心轴颈的径向跳动量。最大径向跳动为 0.04 mm，如果径向跳动大于最大值，则更换凸轮轴。

b. 凸轮凸角检测。

如图 3-1-50 所示，使用螺旋测微仪测量凸轮凸角高度。

标准高度为 44.336 ~ 44.436 mm，最小高度为 44.186 mm，如果凸轮凸角高度小于最小值，则更换凸轮轴。

图 3-1-49　凸轮轴的径向跳动检测

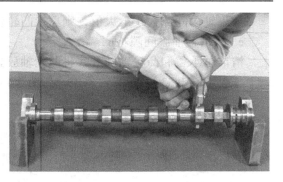

图 3-1-50　凸轮凸角检测

c. 凸轮轴轴颈检测。

如图 3-1-51 所示，使用螺旋测微仪测量轴颈的直径。1 号轴颈标准值为 34.449 ~ 34.465 mm，其他轴颈标准值为 22.949 ~ 22.985 mm。如果轴颈直径不符合规定，则检查油膜间隙。

图 3-1-51　检查凸轮轴轴颈

d. 凸轮轴轴向间隙检测。

如图 3-1-52 所示，安装凸轮轴，来回移动凸轮轴的同时，用百分表测量轴向间隙。

图 3-1-52　检查凸轮轴轴向间隙

标准轴向间隙：进气为 0.06 ~ 0.155 mm，排气为 0.06 ~ 0.155 mm；最大轴向间隙：进气为 0.017 mm，排气为 0.017 mm。

如果轴向间隙大于最大值，则更换凸轮轴壳。如果止推面损坏，则更换凸轮轴。

e. 凸轮轴油膜间隙检测。

清洁轴承盖和凸轮轴轴颈，将凸轮轴放到凸轮轴壳上，将塑料间隙规摆放在各凸轮轴轴颈上（见图 3-1-53），安装轴承盖，如图 3-1-54 所示。

图 3-1-53　放置塑料间隙规

图 3-1-54　安装轴承盖

注意：不要转动凸轮轴。

拆下轴承盖，测量塑料间隙规最宽处（见图 3-1-55）。油膜间隙标准值：凸轮轴 1 号轴颈为 0.03 ~ 0.063 mm，凸轮轴其他轴颈为 0.035 ~ 0.072 mm。最大油膜间隙：凸轮轴 1 号轴颈为 0.085 mm，凸轮轴其他轴颈为 0.09 mm。

注意：检查完后要完全拆下塑料间隙规，如果油膜间隙大于最大值，则更换凸轮轴。如有必要，则更换气缸盖。

③ 安装气门间隙调节器总成。

如图 3-1-56 所示，安装气门间隙调节器。

图 3-1-55　测量油膜间隙

图 3-1-56　安装气门间隙调节器

注意：使气门间隙调节器远离灰尘和异物，必要时检查气门间隙调节器。

检查气门间隙调节器的方法如下：

a. 将气门间隙调节器放入装有干净的发动机机油的容器中。

b. 检查柱塞的运动情况。正常情况时，柱塞能顺畅地上下移动。

④ 安装气门摇臂。

a. 如图 3-1-57 所示，在气门摇臂端部和气门杆盖端上涂抹发动机机油。

b. 确保将气门摇臂安装至如图 3-1-58 所示的位置。

图 3-1-57　安装气门摇臂

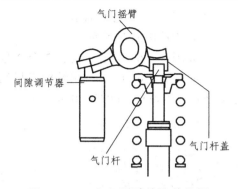

图 3-1-58　气门摇臂的安装位置

⑤ 安装 1 号凸轮轴轴承。

a. 如图 3-1-59 所示，清洁轴承的双表面。

b. 如图 3-1-60 所示，安装 2 个 1 号凸轮轴轴承。

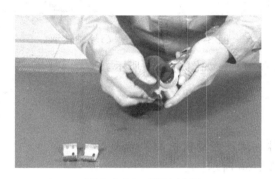

图 3-1-59　清洁轴承

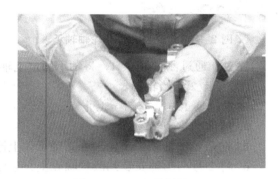

图 3-1-60　安装轴承

c. 如图 3-1-61 所示，用游标卡尺测量轴承盖边缘和凸轮轴轴承边缘间的距离。尺寸（A、B）为 0.7 mm（0.027 6 in）或更小。

注意：通过测量尺寸 A 和 B，将轴承固定至轴承盖中心，如图 3-1-62 所示。

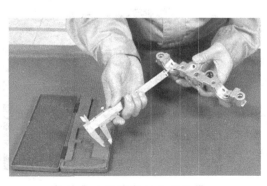

图 3-1-61　检查轴承安装位置

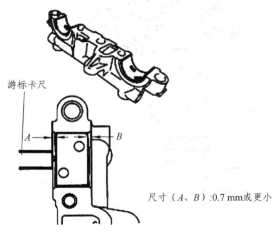

图 3-1-62　测量位置

⑥ 安装 2 号凸轮轴轴承。

a. 清洁轴承的双表面。

b. 如图 3-1-63 所示,安装 2 个 2 号凸轮轴轴承。

c. 如图 3-1-64 所示,用游标卡尺测量轴承盖边缘和凸轮轴轴承边缘间的距离。尺寸 A 为 1.05 ~ 1.75 mm(0.041 ~ 0.069 in)。

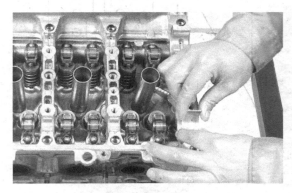
图 3-1-63　安装 2 号凸轮轴轴承

图 3-1-64　测量 2 号凸轮轴轴承

注意: 通过测量尺寸 A,将轴承固定至轴承盖中心,如图 3-1-65 所示。

⑦ 安装 2 号凸轮轴。

注意: 将 1 缸活塞摇至上止点。

a. 清洁凸轮轴轴颈。

b. 在凸轮轴轴颈、凸轮轴壳和轴承盖上涂抹一薄层发动机机油。

c. 将 2 号凸轮轴安装到凸轮轴壳上,如图 3-1-66 所示。

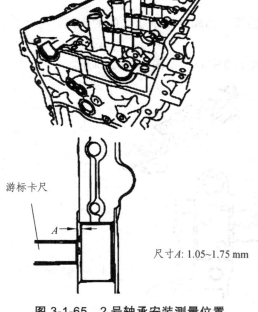

游标卡尺

尺寸A: 1.05~1.75 mm

图 3-1-65　2 号轴承安装测量位置

图 3-1-66　安装 2 号凸轮轴

⑧　安装凸轮轴。

a. 清洁凸轮轴轴颈。

b. 在凸轮轴轴颈、凸轮轴壳和轴承盖上涂抹一薄层发动机机油。

c. 将凸轮轴安装到凸轮轴壳上，如图 3-1-67 所示。

⑨　安装凸轮轴轴承盖。

a. 如图 3-1-68 所示，在凸轮轴轴颈、凸轮轴壳和轴承盖上涂抹发动机机油。

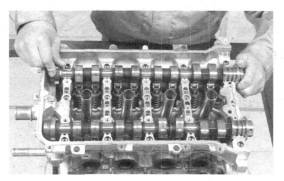

图 3-1-67　安装凸轮轴

图 3-1-68　在凸轮轴部件上涂抹机油

b. 如图 3-1-69 所示，确认各凸轮轴轴承盖上的标记和号码，并将其置于正确的位置和方向。

提示：确保凸轮轴的锁销按如图 3-1-70 所示安装。

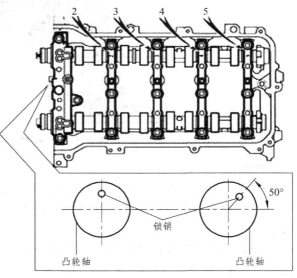

图 3-1-69　安装凸轮轴轴承盖

图 3-1-70　凸轮轴锁销安装位置

c. 按如图 3-1-71 所示的顺序，紧固 10 个轴承盖螺栓，扭矩为 16 N·m。

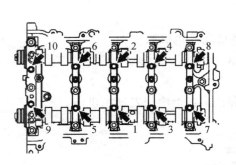

图 3-1-71　螺栓紧固顺序

⑩ 紧固凸轮轴壳分总成。

按如图 3-1-72 所示的顺序，紧固 17 个螺栓，扭矩为 27 N·m。

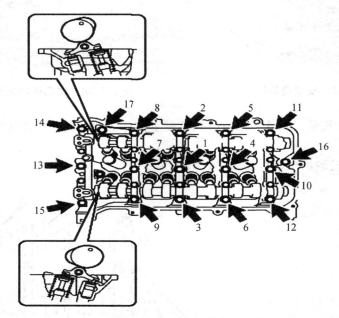

图 3-1-72　凸轮轴壳螺栓紧固顺序

注意：

a. 安装凸轮轴壳后，确保凸轮凸角按如图 3-1-73 所示安装。

b. 如果在安装过程中任何螺栓松动，则拆下凸轮轴壳，清洁安装表面并重新涂抹密封胶。

c. 如果在安装过程中因螺栓松动而拆下凸轮轴壳，则应确保先前涂抹的密封胶未进入任何机油通道。

d. 安装凸轮轴壳后，消除凸轮轴壳和气缸盖之间渗出的密封胶。

⑪ 安装凸轮轴正时齿轮总成。

a. 检查并确认锁销已安装在凸轮轴上，如图 3-1-74 所示。

图 3-1-73　安装凸轮轴壳　　　　图 3-1-74　检查并确认锁销已安装在凸轮轴上

b. 如图 3-1-75 所示，使直销和键槽不对准，将凸轮轴正时齿轮和凸轮轴放置在一起。

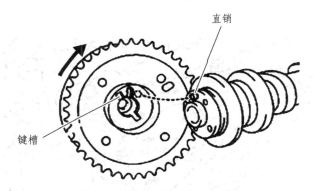

图 3-1-75　直销和键槽不对准

注意：不要用力推入凸轮轴正时齿轮总成，这样可能导致凸轮轴锁销端部损坏凸轮轴正时齿轮总成的安装表面。

c. 将凸轮轴正时齿轮轻轻推向凸轮轴的同时，按如图 3-1-76 所示方向旋转凸轮轴正时齿轮。将齿轮销进一步推入键槽中。

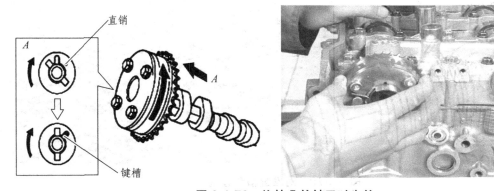

图 3-1-76　旋转凸轮轴正时齿轮

注意：不要使凸轮轴正时齿轮朝延迟方向（顺时针）转动。

d. 在凸轮轴正时齿轮固定就位时，紧固凸缘螺栓，扭矩为 54 N·m，如图 3-1-77 所示。

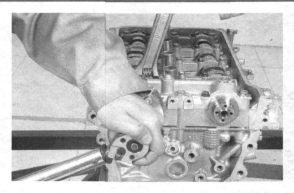

图 3-1-77　固定凸轮轴正时齿轮并紧固凸缘螺栓

e. 如图 3-1-78 所示，检查并确认凸轮轴正时齿轮可以朝延迟方向（顺时针）转动，并锁止在最大延迟位置。

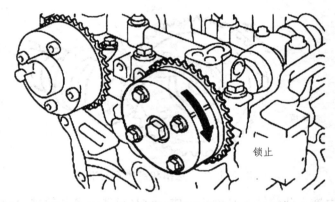

图 3-1-78　检查并确认凸轮轴正时齿轮动作

⑫ 安装排气凸轮轴正时齿轮总成，如图 3-1-79 所示。

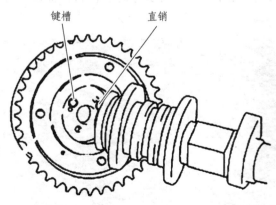

图 3-1-79　对准键槽和直销

a. 检查并确认锁销已安装在凸轮轴上。

b. 对准键槽和直销，然后将排气凸轮轴正时齿轮和凸轮轴连接起来。

c. 将齿轮轻轻地压在凸轮轴上，并转动齿轮。将齿轮销进一步推入键槽中。

注意：一定不要使排气凸轮轴正时齿轮朝延迟方向（顺时针）转动。

d. 检查并确认齿轮凸缘和凸轮轴间没有间隙。

e. 排气凸轮轴正时齿轮固定住时，拧紧凸缘螺栓，扭矩为 54 N·m，如图 3-1-80 所示。

f. 检查排气凸轮轴正时齿轮的锁止情况，确保排气凸轮轴正时齿轮已锁止。

⑬ 安装 1 号链条振动阻尼器。

如图 3-1-81 所示，用 2 个螺栓安装 1 号链条振动阻尼器，扭矩为 21 N·m。

图 3-1-80　固定正时齿轮拧紧排气凸轮轴凸缘螺栓　　　图 3-1-81　安装 1 号链条振动阻尼器

⑭ 安装 2 号链条振动阻尼器。

如图 3-1-82 所示，用 2 个螺栓安装 2 号链条振动阻尼器，扭矩为 10 N·m。

⑮ 安装链条分总成。

a. 检查 1 号气缸 TDC/压缩，如图 3-1-83 所示。暂时紧固曲轴皮带轮螺栓，逆时针转动曲轴，以使正时齿轮键位于顶部，拆下曲轴皮带轮螺栓，检查每个凸轮轴正时齿轮上的正时标记。

图 3-1-82　安装 2 号链条振动阻尼器　　　　图 3-1-83　压缩上止点

b. 如图 3-1-84 所示，将标记板（橙色）和正时标记对准并安装链条。

提示：

● 确保使标记板位于发动机前侧。

● 凸轮轴侧的标记板为橙色。

● 不要使链条缠绕在凸轮轴正时齿轮总成的链轮周围，只可将其放置在链轮上。

● 将链条穿过 1 号振动阻尼器。

图 3-1-84　正时标记对准并安装链条

c. 如图 3-1-85 所示，将链条放在曲轴上，但不要使其缠绕在曲轴周围。

图 3-1-85　安装链条在曲轴上

d. 如图 3-1-86 所示，重新检查正时标记。

图 3-1-86　重新检查正时标记

提示：
- 确保使标记板位于发动机前侧。
- 曲轴侧、凸轮轴侧的标记板为橙色。
- 用扳手固定住凸轮轴的六角头部分，并顺时针旋转凸轮轴正时齿轮总成。
- 为了张紧链条，缓慢地顺时针旋转凸轮轴正时齿轮总成，防止链条错位。

- 在 TDC/压缩时，重新检查每个正时标记。

⑯ 安装链条张紧器导板。

如图 3-1-87 所示，安装链条张紧器导板。

⑰ 更换正时链条盖油封。

a. 如图 3-1-88 所示，用螺丝刀和手锤拆下油封。

图 3-1-87　安装链条张紧器导板

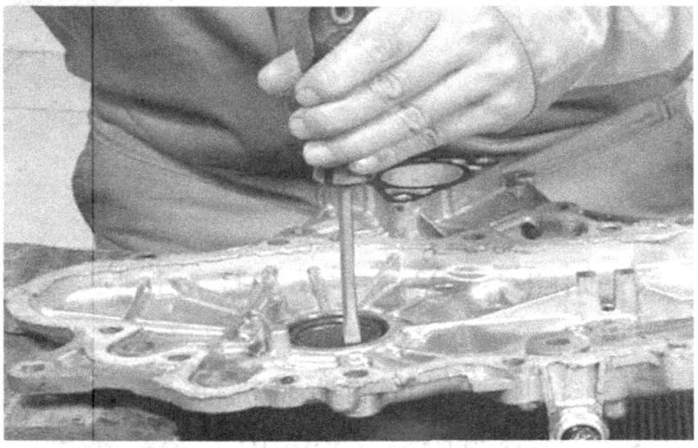

图 3-1-88　拆卸油封

注意：不要损坏正时链条盖油封。

提示：使用螺丝刀之前，请在螺丝刀头部缠上胶带。

b. 如图 3-1-89 所示，在油封唇口上涂抹一薄层通用润滑脂。

c. 如图 3-1-90 所示，用 SST（SST 09223-22010）敲入一个新油封，直到其表面与正时齿轮箱边缘齐平。

图 3-1-89　油封涂抹润滑脂

图 3-1-90　安装油封

注意：

- 使唇口远离异物。
- 不要斜敲油封。
- 确保油封边缘不伸出正时链条盖。

⑱ 安装正时链条盖分总成。

a. 如图 3-1-91 所示，清除所有旧的填料，注意不要将机油滴在正时链条盖、气缸盖和气缸体的接触面上。

b. 如图 3-1-92 所示，安装 3 个新 O 形圈。

图 3-1-91　清洁正时链条盖

图 3-1-92　安装 O 形圈

c. 如图 3-1-93 所示，涂抹密封胶，密封直径为 3.0 mm（0.118 in）。

注意：

- 先清除接触面的所有机油。
- 涂抹密封胶后 3 min 内安装链条盖。
- 安装正时链条盖分总成后至少 2 h 内不要启动发动机。

d. 在正时链条盖上涂抹一条连续的密封胶。

e. 如图 3-1-94 所示，安装正时链条盖。

图 3-1-93　涂抹密封胶

图 3-1-94　安装正时链条盖

f. 如图 3-1-95 和图 3-1-96 所示，用 26 个螺栓安装正时链条盖。

扭矩：螺栓 A、E 为 26 N·m，螺栓 B 为 51 N·m，螺栓 C 为 51 N·m，螺栓 D 为 10 N·m。

注意：

- 如果接触面潮湿，则在涂抹密封胶前用无油抹布擦拭。
- 涂抹密封胶后 3 min 内安装链条盖，并在 15 min 内紧固螺栓。
- 安装后至少 2 h 内不要启动发动机。

提示： 根据需要安装水泵等部件。

⑲ 安装曲轴皮带轮。

如图 3-1-97 所示，安装曲轴皮带轮。

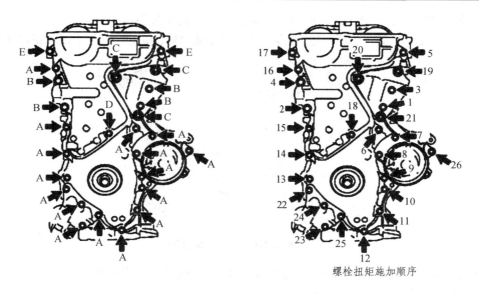

螺栓扭矩施加顺序

图 3-1-95 正时链条盖螺栓紧固的顺序

图 3-1-96 紧固正时链条盖

图 3-1-97 安装曲轴皮带轮

⑳ 安装 1 号链条张紧器总成。

a. 松开棘轮爪，然后完全推入柱塞，将挂钩固定在销上，以使柱塞位于如图 3-1-98 所示的位置。

图 3-1-98 1 号链条张紧器柱塞位置

注意：确保凸轮固定在柱塞的第一个齿上，使挂钩穿过销。

b. 用 2 个螺母安装一个新衬垫、支架和 1 号链条张紧器，扭矩为 10 N·m，如图 3-1-99 所示。

图 3-1-99　安装张紧器

注意：如果安装链条张紧器时，挂钩松开柱塞，则重新固定挂钩。

㉑ 根据需要安装其他零部件。

三、学习小结

（1）气门传动组主要包括凸轮轴（含正时齿轮）、挺柱、推杆、摇臂、正时皮带（链条）等。

（2）气门传动组的拆装步骤。

（3）气门传动组的检测方法及数据。

四、任务分析

　　配气机构的气门传动组，如果发现磨损、装配错误等，将导致配气正时错误，检修时应更换损坏的元件，并按装配记号和操作规范安装。

五、自我评估

1. 填空题

（1）曲轴转速与凸轮轴转速之比为＿＿＿＿＿＿＿ 。

（2）图 3-1-100 所示图片中曲轴位置在＿＿＿＿＿＿。

图 3-1-100　曲轴位置

（3）凸轮轴轴颈油膜间隙测量时的必备工具是＿＿＿＿＿＿＿。

（4）测量气门间隙时必须具备的测量工具是＿＿＿＿＿＿＿＿。

（5）凸轮轴的主体是一根与气缸组长度相同的圆柱形棒体，上面套有若干个凸轮，用于驱动气门来实现＿＿＿＿＿＿和＿＿＿＿＿＿＿。

（6）当凸轮轴上的凸轮基圆部分与挺柱接触时，挺柱不升高，气门处于＿＿＿＿＿＿状态。

（7）当凸轮轴上凸起部分（尖桃）与＿＿＿＿＿接触时，将＿＿＿＿顶起。

（8）当凸轮的＿＿＿＿转过挺柱后，便逐渐减小对挺柱的推力，气门在其弹簧张力的作用下，开度逐渐减小直至关闭，使气缸密封。

2．判断题

（1）凸轮轴的径向圆跳动应不大于 0.03 mm。（　　　）

（2）如果凸轮桃尖高度小于最小值，则对凸轮轴进行修复后可继续使用。（　　　）

（3）如果凸轮轴轴承盖或气缸盖上的凸轮轴轴颈座损坏，应更换气缸盖。（　　　）

（4）在压扁后的塑料间隙规最宽处，与规定值相比较，测得的数值即为凸轮轴轴颈油膜间隙。（　　　）

（5）凸轮轴轴颈是没有轴瓦的。（　　　）

（6）凸轮轴轴承盖紧固没有顺序。（　　　）

（7）当凸轮轴磨损超过标准值后，只能更换不能修复。（　　　）

3．选择题

（1）下列说法正确的是（　　　）。

  A. 正时链条可以终生不更换　　　　　B. 正时皮带可以终生不更换

  C. 只有 A 正确　　　　　　　　　　　D. 全都不正确

（2）下列说法正确的是（　　　）。

  A. 液压挺柱可以自动调节气门间隙　　B. 进气门的气门间隙大

  C. 气门间隙的测量工具是千分尺　　　D. 新车是没有气门间隙的

（3）下列说话正确的是（　　　）。

  A. 气门间隙的调整是通过更换气门来实现的

  B. 气门间隙的调整是通过更换凸轮轴来实现的

  C. 气门间隙的调整是通过更换挺筒来实现的

  D. 以上都不正确

工作任务二　气门组检修

任务情境

一、任务描述

一辆丰田卡罗拉 GL 型轿车，进厂报修时的故障现象：发动机动力不足，经初步检查为气缸压力低，可能为配气机构故障，你的主管让你对配气机构进行拆检，你能完成吗？

二、任务提示

根据故障现象，气缸压力偏低，需要对气门组进行检查。

任务目标

一、知识目标

（1）能描述气门组的组成；
（2）能描述气门组的拆装步骤；
（3）能描述气门组的检修方法及数据。

二、能力目标

（1）能进行气门组的拆装；
（2）能进行气门组的检修。

必备知识

一、基本知识

1. 气门组的组成

气门组主要由气门、气门导管、气门弹簧、气门弹簧座、气门油封和气门锁片等组成，其作用是开启和封闭进、排气道，如图 3-2-1 所示。

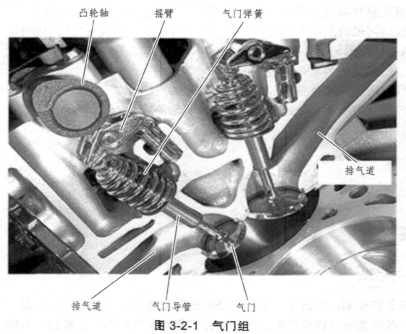

图 3-2-1　气门组

气门个数有 2、3、4、5 四种情况，目前主流的是 4 气门，有两个方面的原因：其一，相比 2、3 气门，4 气门的气门直径小，同材料的情况下质量会更轻，由于物体的惯性与质量成正比，因此 4 气门的运动惯性相对较小，从而会更加灵活，开启或关闭的角度也更精准；其二，5 气门的结构制造上会更复杂，对应的生产成本和维修保养费用也会增加，且气门越多，各气门孔之间的厚度会相应变薄，从而降低了气缸盖强度，因此 4 气门的应用较广泛。

2. 进气门和排气门的比较

要想气缸内不断地发生"爆炸"，必须不断地输入新的燃料和及时排出废气，进、排气门在这过程中就扮演了重要角色。进、排气门是由凸轮控制的，适时地执行"开门"和"关门"这两个动作。为什么看到的进气门都会比排气门大一些呢？这是因为一般进气是靠真空吸进去的，排气是靠挤压将废气推出的，所以排气相对比进气容易。为了获得更多的新鲜空气参与燃烧，因而进气门需要大点，以获得更多的进气量，如图 3-2-2 所示。

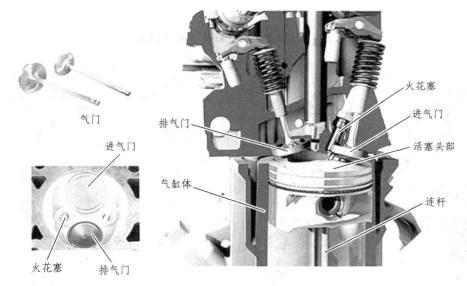

图 3-2-2　进、排气门的安装位置及其实物大小对比

3. 气门的数量

如果发动机有多个气门，则能保证发动机高转速时进气量大且排气干净，发动机的性能也比较好。但是多气门设计较复杂，尤其是气门的驱动方式、燃烧室构造和火花塞的位置都需要进行精密布置，这样生产工艺要求高，制造成本自然也高，后期的维修也困难。所以气门数不宜过多，常见的发动机每个气缸有 4 个气门（2 进 2 排），如图 3-2-3 所示。

4. 配气相位

随着活塞的"进气、压缩、做功、排气"4 个行程运动，每个行程活塞推动曲轴旋转 180°。配气相位就是用曲轴转角表示进、排气门的开闭时刻和开启持续时间，通常用相对于上、下止点曲拐位置的曲轴转角来表示，这种图形称为配气相位图，如图 3-2-4 所示。

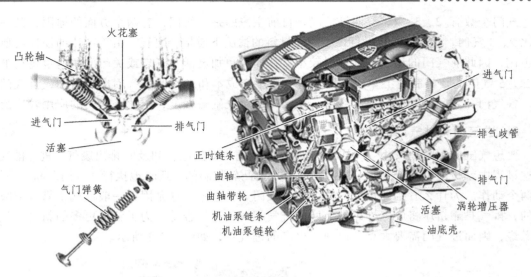

图 3-2-3　一般发动机气缸有 2 进 2 排的气门

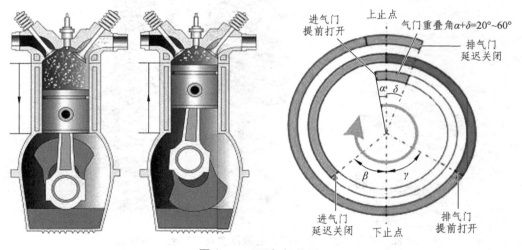

图 3-2-4　配气相位图

理论上四冲程发动机的进气门应当在活塞处在上止点时开启，当活塞运动到下止点时关闭；排气门则应当在活塞处于下止点时开启，在上止点时关闭。进气时间和排气时间各占 180° 曲轴转角。但是实际发动机的曲轴转速都很高，活塞每一行程历时都很短。例如，上海桑塔纳轿车发动机，在最大功率时的转速为 5 600 r/min，一个行程历时仅为 0.005 4 s。这样短时间的进气和排气过程，往往会使发动机充气不足或排气不干净，从而使发动机功率下降。因此，现代发动机都采取延长进、排气时间的方法，即气门的开启和关闭的时刻并不正好是活塞处于上止点和下止点的时刻，而是分别提前或延迟一定的曲轴转角，以改善进、排气状况，从而改善发动机的动力性。

（1）进气门的配气相位。

在排气行程接近终了，活塞到达上止点之前，即曲轴转到活塞处于上止点位置还差一个角度 α 时，进气门便开始开启，此角度称为进气提前角。直到活塞过了下止点又重新上行，即曲轴转到超过活塞下止点位置以后一个角度 β 时，进气门才关闭，此角度称为进气迟闭角。进气提前角一般为 $10° \sim 30°$，进气迟闭角一般为 $40° \sim 80°$。这样，在整个进气过程中，进气门开启持续时间的曲轴转角，即进气持续角为 $180° + \alpha + \beta$，如图 3-2-5 所示。

进气门早开晚关的目的是为了保证进气行程开始时进气门已有一定开度，在进气行程中获得较大进气通道截面，使新鲜气体能顺利地充入气缸。当活塞到达下止点时，气缸内压力仍低于大气压力，在压缩行程开始阶段，活塞上移速度较慢的情况下，仍可以利用气流较大的惯性和压力差继续进气，因此进气门晚关有利于充气。发动机转速越高，气流惯性越大，此时迟闭角应取大值，以充分利用进气惯性充气。

（2）排气门的配气相位。

在做功行程接近终了，活塞到达下止点前，排气门便开始开启，提前开启的角度 γ 称为排气提前角，一般为 $40° \sim 80°$。经过整个排气行程，在活塞越过上止点后，排气门才关闭，排气门关闭的延迟角 δ 称为排气迟闭角，一般为 $10° \sim 30°$。这样，在整个排气过程中，排气门开启持续时间的曲轴转角，即排气持续角为 $180° + \gamma + \delta$，如图 3-2-6 所示。

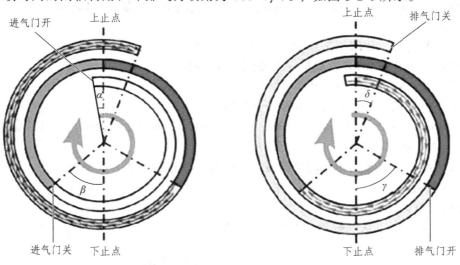

图 3-2-5 进气门配气相位　　　　图 3-2-6 排气门配气相位

排气门早开晚关的目的主要是利用排气过程后期，当做功行程接近下止点时，气缸内的气体仍有 $300 \sim 500$ kPa 的压力，但就活塞做功而言，作用不大，这时若稍开启排气门，大部分废气在此压力作用下可高速从缸内排出，以减小排气行程消耗的功。排气迟闭角主要是利用排气气流惯性排出更多的废气。当活塞到下止点时，气缸内压力大大下降（为 $110 \sim 120$ kPa），这时排气门的开度进一步增加，从而减少了活塞上行时的排气阻力。高温废气的迅速排出，还可以防止发动机过热。当活塞到达上止点时，燃烧室内的废气压力仍高于大气压力，加之排气时气流有一定惯性，所以排气门迟闭，可以使废气排放得较干净。此外，在采用废气涡轮增压的发动机上，废气的能量还可以得到回收利用。

（3）气门重叠。

同一气缸的工作行程顺序是排气行程后，接着便是进气行程。因此，在实际发动机中，在进、排气行程的上止点前后，由于进气门在上止点前即开启，而排气门在上止点后才关闭，这就出现了在一段时间内排气门与进气门同时开启的现象，这种现象称为气门重叠，重叠的曲轴转角 $\alpha+\delta$ 称为气门重叠角。由于新鲜气流和废气流的流动惯性比较大，在短时间内是保持原来的流动方向。因此，只要气门重叠角选择适当，就不会产生废气倒流入进气管或新鲜气体随同废气排出的可能性，这将有利于换气。但应注意，如气门重叠角过大，当汽油机小负荷运转，进气管内压力很低时，就可能出现废气倒流、进气量减少的现象。对于不同的发动机，由于结构形式、转速各不相同，因而配气相位也不相同。合理的配气相位应根据发动机性能的要求，通过反复试验确定。

因为一定的气门配气相位仅对应发动机的某一个特定的最佳工况，为了使配气相位能适应不同工况，所以越来越多的发动机上采用了可变气门正时，即可变气门相位的技术。有的发动机上还采用了可变气门升程的技术来进一步改善发动机性能。

二、基本技能

下面以丰田卡罗拉 1ZR-FE 发动机为例，介绍气门组的拆装及检修步骤。

（1）准备工作。

① 防护装备：工作服、工作帽、手套、劳保鞋。

② 实训设备：1ZR-FE 发动机一台或同类发动机。

③ 手工工具：拆装工具一套。

④ 量具：塞尺、游标卡尺、外径千分尺等。

⑤ 专用工具：气门拆装工具 SST 09202-70020、09202-00010，气门油封安装工具 SST 09201-41020。

⑥ 材料准备：翼子板布和前格栅布、三件套、抹布、机油、汽油等。

（2）气门组的拆卸。

① 拆卸气门杆盖。

如图 3-2-7 所示，从气缸盖上拆下气门杆盖。

图 3-2-7　拆卸气门杆盖

提示：按正确的顺序摆放拆下的零件。

② 拆卸进气门，如图 3-2-8 ~ 3-2-10 所示。

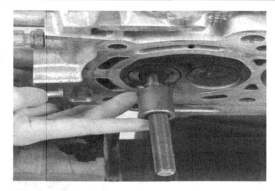

图 3-2-8　安装专用工具

图 3-2-9　拆下气门座圈锁片

图 3-2-10　分别拆下弹簧座圈、气门弹簧和气门

a. 用 SST（SST 09202-70020、09202-00010）和木块压缩并拆下气门座圈锁片。

提示：按正确的顺序摆放拆下的零件。

b. 拆下弹簧座圈、气门弹簧和气门。

提示：按正确的顺序摆放拆下的零件。

③ 拆卸排气门。

参照拆卸进气门的方法拆下排气门。

提示：按正确的顺序摆放拆下的零件。

④ 拆卸气门杆油封。

如图 3-2-11 所示，用尖嘴钳拆下油封。

⑤ 拆卸气门弹簧座。

如图 3-2-12 所示，用压缩空气和磁棒，吹入空气以拆下气门弹簧座。

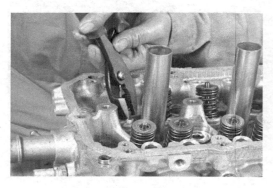

图 3-2-11　拆卸气门杆油封

图 3-2-12　拆卸气门弹簧座

⑥ 气门组的清洁。

a. 用铲刀清除气门上的积炭，如图 3-2-13 所示。

b. 用硬质毛刷再次清除气门上的积炭，如图 3-2-14 所示。

图 3-2-13　用铲刀清除气门上的积炭

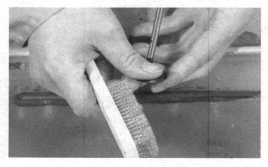

图 3-2-14　用硬质毛刷清除气门上的积炭

c. 用煤油清洗气缸盖、凸轮轴、气门弹簧座、气门、气门弹簧、气门锁片，如图 3-2-15 所示。

图 3-2-15　清洗气缸盖、凸轮轴等

（3）气门组的检测。

① 气门座检查，如图 3-2-16 ~ 3-2-18 所示。

图 3-2-16　气门锥面涂上颜色

图 3-2-17　气门座检查

a. 在气门锥面上涂抹一薄层普鲁士蓝（或其他颜色）。

b. 使气门锥面轻压气门座。

c. 按下列步骤检查气门锥面和气门座。

步骤一：如果整个 360° 气门锥面均出现普鲁士蓝，则气门锥面是同心的，否则应更换气门。

步骤二：如果整个 360° 气门座均出现普鲁士蓝，则气门导管和气门锥面是同心的，否则应重修气门座表面。

步骤三：检查并确认气门座接触面是否在气门锥面的中部，气门座接触带宽度为 1.0 ~ 1.4 mm。

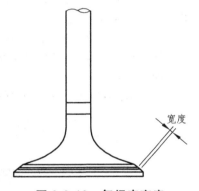

图 3-2-18　气门座宽度

② 气门弹簧检查。

a. 如图 3-2-19 所示，使用游标卡尺，测量气门弹簧的自由长度。

自由长度为 53.36 mm（2.100 8 in），如果自由长度不符合规定，则更换气门弹簧。

b. 如图 3-2-20 所示，用钢角尺测量气门弹簧的偏移量。

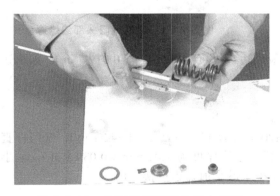

图 3-2-19　检查气门弹簧的自由长度

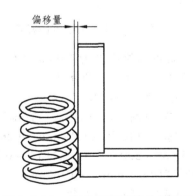

图 3-2-20　检查气门弹簧的偏移量

最大偏移量为 1.0 mm（0.039 4 in），如果偏移量大于最大值，则更换气门弹簧。

③ 进气门检查。

a. 如图 3-2-21 所示，用游标卡尺测量气门的总长。

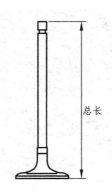

图 3-2-21　测量气门总长

标准总长为 109.34 mm（4.304 7 in），最小总长为 108.84 mm（4.285 0 in），如果总长小于最小值，则更换气门。

c. 如图 3-2-22 所示，用螺旋测微器测量气门杆直径。

气门杆直径为 5.470~5.485 mm（0.215 4~0.215 9 in），如果气门杆直径不符合规定，则检查油膜间隙。

d. 如图 3-2-23 所示，用游标卡尺测量气门头部边缘厚度。

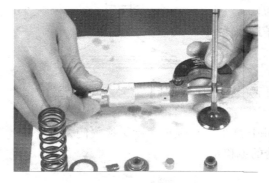

图 3-2-22　测量气门杆直径　　　　图 3-2-23　测量气门头部边缘厚度

标准边缘厚度为 1.0 mm（0.039 4 in），最小边缘厚度为 0.5 mm（0.019 7 in），如果边缘厚度小于最小值，则更换气门。

④ 排气门检查。

参照检查进气门方法检查排气门，数据如下：

标准总长为 108.25 mm（4.261 8 in），最小总长为 107.75 mm（4.242 1 in），气门杆直径为 5.465~5.480 mm（0.215 2~0.215 7 in），标准边缘厚度为 1.01 mm（0.039 8 in），最小边缘厚度为 0.5 mm（0.019 7 in），如果边缘厚度小于最小值，则更换气门。

（4）气门组的安装。

① 安装气门弹簧座。

如图 3-2-24 所示，将气门弹簧座安装到气缸盖上。

图 3-2-24 安装气门弹簧座

② 安装气门杆油封。

a. 如图 3-2-25 所示，在新油封上涂抹一薄层发动机机油。

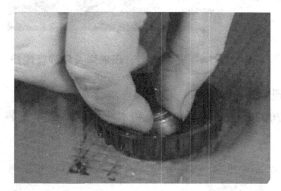

图 3-2-25 安装气门杆油封前涂抹机油

注意：安装进气门和排气门油封时应特别小心。例如，将进气门油封安装至排气侧或将排气门油封安装至进气侧，都会导致故障的发生。

提示：进气门油封为灰色，排气门油封为黑色。

b. 如图 3-2-26 所示，用 SST（SST 09201-41020）压入油封。

图 3-2-26 压入气门杆油封

注意： 若不用 SST，会造成油封损坏或安装不到位。

③ 安装进气门。

a. 如图 3-2-27 所示，在进气门的顶部涂抹足量发动机机油。

b. 如图 3-2-28 所示，将气门、压缩弹簧和弹簧座圈安装到气缸盖上。

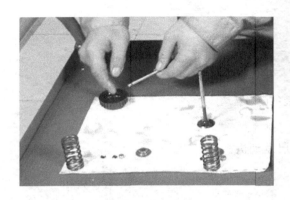

图 3-2-27　气门顶部涂抹机油

图 3-2-28　安装气门、压缩弹簧和弹簧座圈

注意： 将原来的零件按照原来的组合安装到原位。

c. 如图 3-2-29 所示，用 SST（SST 09202-70020、09202-00010）和木块压缩弹簧并安装 2 个座圈锁片。

图 3-2-29　安装气门弹簧座圈锁片

d. 如图 3-2-30 所示，用塑料锤轻敲气门杆顶部以确保安装到位。

注意： 不要损坏气门杆顶部和座圈。

④ 安装排气门，参照安装进气门方法安装排气门。

⑤ 安装气门杆盖。

如图 3-2-31 所示，在气门杆盖上涂抹一薄层发动机机油，将气门杆盖安装到气缸盖上。

图 3-2-30　确保进气门安装到位　　　　图 3-2-31　安装气门杆盖

三、学习小结

（1）气门组主要由气门、气门导管、气门弹簧、气门弹簧座、气门油封和气门锁片等组成，其作用是开启和封闭进、排气道。

（2）气门组的拆装步骤。

（3）气门组的检修方法及数据。

四、任务分析

在气门组拆检中，如果发现气门磨损严重，会造成气门漏气，应更换新件并按操作规范安装。

五、自我评估

1. 填空题

（1）气门组主要由＿＿＿＿、＿＿＿＿、＿＿＿＿、＿＿＿＿、气门油封和＿＿＿＿＿等组成。

（2）气门组的作用是＿＿＿＿和＿＿＿＿＿进、排气道。

（3）配气机构的主要作用是根据发动机的工作情况，适时地＿＿＿＿和＿＿＿＿各气缸的＿＿＿＿、＿＿＿＿，以使新鲜混合气体及时充满气缸，废气得以及时排出气缸外。

（4）进、排气门是由＿＿＿＿控制的，适时地执行"开门"和"关门"这两个动作。

（5）为了获得更多的新鲜空气参与燃烧，＿＿＿＿＿需要大一点以获得更多的进气。

（6）进气是靠＿＿＿＿吸进去的，排气是＿＿＿＿将废气推出，所以排气相对比进气容易。

2. 判断题

（1）在4气门发动机中一般排气门比进气门要大。（　　　）

（2）清除气缸盖平面上的缸垫黏结物和气门上的积炭使用铲刀。（　　　）

（3）清除燃烧室内的积炭用硬质毛刷。（　　　）

（4）为了更好地清洁气缸盖、凸轮轴、气门弹簧座、气门、气门弹簧、气门锁片，最好使用干净的发动机机油。（　　　）

（5）测量各气门的全长应使用百分表。（　　　）

（6）测量气门杆直径时应使用游标卡尺，如果测量值小于标准值时，应更换气门。（　　　）

3. 选择题

（1）关于安装气门的大部分零件，要求涂抹一薄层（　　　）。

    A. 发动机机油　　　　　B. 清洁的水　　　　　C. 汽油　　　　　D. 肥皂水

（2）关于气门开启时刻，下列说法正确的是（　　　）。

    A. 进气门关闭后排气门才能打开

    B. 排气门与进气门可能同时开启

    C. 排气门与进气门不可能同时开启

    D. 都不正确

工作任务三　配气机构典型故障诊断

■任务情境

一、任务描述

一辆卡罗拉轿车，进厂报修发动机异响，你的主管将这个任务分配给你，你能完成吗？

二、任务提示

发动机异响（噪声）是一种普遍存在的故障现象，分发动机下部噪声和发动机上部噪声。发动机上部主要是配气机构，发动机下部主要是曲柄连杆机构。配气机构包括凸轮轴驱动的所有部件，检查配气机构噪声的原因时，推荐使用底盘耳塞或听诊器。

■任务目标

一、知识目标

（1）能描述气门异响的检查方法；

（2）能描述气门组常见零件、液压挺柱、凸轮轴、配气机构的检查方法。

二、能力目标

（1）能在不解体情况下判断异响来自配气机构；

（2）能正确判断配气机构的故障部位；

（3）能对配气机构部件进行检修。

必备知识

一、基本知识

汽车发动机在工作过程中，在气缸内不断发生进气、压缩、做功、排气4个过程，并且每个步骤的时机都要与活塞的运动状态和位置相配合，使进气与排气及活塞升降相互协调起来，在曲轴的带动下经正时皮带将动力传递给相应机件，让每个气缸准确做到正时点火。

配气机构是发动机的组成部分，其作用是按照发动机的工作顺序适时地向气缸供给空气并及时将燃烧后的废气排出，使发动机正常运转，并产生足够的动力。它由气门传动组和气门组等组成，如果配气机构的构件磨损、变形、调整不当或损坏，常会引起气门响、气门挺杆响、正时齿轮响、气门碰活塞响等，还会影响发动机的动力，甚至不能启动。

二、基本技能

1. 气门异响诊断

（1）现象。

气门异响是指发动机工作时，气门杆与摇臂（气门挺筒与凸轮轴）碰撞发出的响声，即发动机怠速时，能听见气缸盖处发出有节奏的"嗒、嗒"的响声。

（2）原因。

为了防止配气机构的推杆和气门受热膨胀后，造成气门关闭不严，气门杆与摇臂（气门挺筒与凸轮轴）间应留有适当的间隙，其大小应符合技术文件规定（由发动机生产厂在使用维护说明书中提供）。如果气门间隙过大，发动机工作时即会发出响声。

① 凸轮轴磨损。

② 气门或气门导管磨损或损坏。

③ 摇臂磨损。

④ 气门挺柱或挺筒磨损。

⑤ 机油压力或机油品质不达标。

⑥ 液压挺柱或挺筒损坏。

（3）诊断方法。

① 启动发动机，声音来自气缸盖处。

② 发动机怠速运转时，在气门室处能听见"嗒、嗒"的响声，响声不随发动机温度变化，单缸断火时响声也不变化。

③ 随着发动机转速的上升，响声频率越来越高，声音越来越模糊。

④ 拆下气门室盖，检查气门间隙，若气门间隙大于技术文件规定值，说明气门响是气门间隙过大造成的。因此，应根据气门间隙增大原因进行对应零部件的检测并排除故障。

（4）诊断流程图。

气门异响的诊断流程如图3-3-1所示。

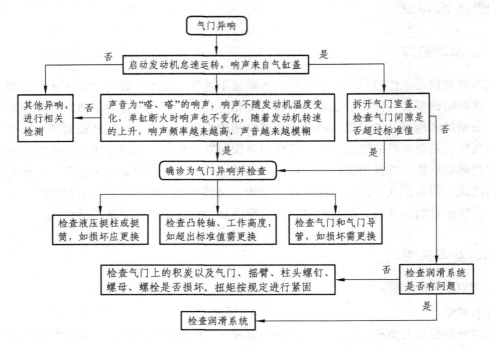

图 3-3-1 气门异响诊断流程

2. 配气正时故障诊断

（1）现象。

① 发动机不易启动或根本启动不了。

② 启动过程中进气有"回火"或排气有"放炮"声。

③ 怠速不稳或加速无力，动力下降。

（2）原因。

① 正时标记没有对准。

② 正时齿轮损坏。

③ 正时皮带松动或断裂。

④ 张紧器损坏造成张紧力不够而跳齿。

⑤ 机油压力不够造成张紧器张紧力过小而跳齿。

⑥ 正时皮带或链条变长。

（3）诊断方法。

① 测量发动机缸压，检查每缸缸压是否达到标准值和每缸缸压是否一致。

② 检查发动机正时。

（4）诊断流程图。

配气正时故障诊断流程如图 3-3-2 所示。

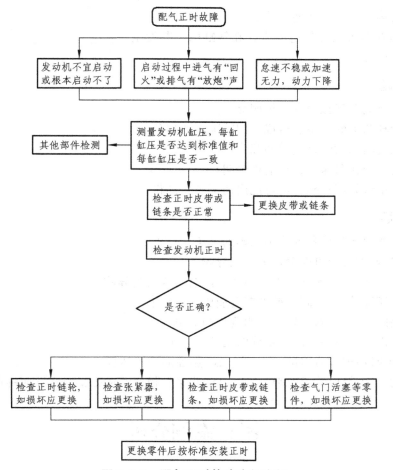

图 3-3-2　配气正时故障诊断流程

三、学习小结

（1）气门异响故障的现象、原因、诊断。
（2）配气正时故障的现象、原因、诊断。

四、任务分析

　　配气机构造成的异响，通常需要拆卸分解进行检查，如果发现磨损、裂纹等损坏，必须更换新件，并按规范安装。

五、自我评估

1. 填空题

　　（1）配气机构的作用是按照发动机的＿＿＿＿＿适时地向气缸供给空气，并及时地将燃烧后的废气排出，使发动机正常运转，并产生足够的动力。
　　（2）发动机配气机构由＿＿＿＿＿＿和＿＿＿＿＿等组成。
　　（3）如果配气机构的构件磨损、变形、调整不当或损坏，常会引起＿＿＿＿响、气门挺杆响、正时齿轮响、气门碰活塞响等。

（4）汽车发动机在工作过程中，在气缸内不断发生_____、_____、_____、_____四个过程。

2．判断题

（1）气门异响在气缸盖处听更明显。（　　　）

（2）凸轮轴凸尖磨损不会造成气门间隙大的现象。（　　　）

（3）进气门间隙大于排气门间隙。（　　　）

（4）气门异响在怠速时，异响声最明显。（　　　）

（5）配气正时如不正确，不可能启动不了发动机。（　　　）

3．选择题

（1）关于气门异响诊断说法不正确的是（　　　）。

A．凸轮轴磨损可能会造成气门异响

B．气门或气门导管磨损或损坏可能会造成气门异响

C．气门挺柱或挺筒磨损可能会造成气门异响

D．机油压力不够肯定不会出现气门异响

（2）配气正时故障的原因不正确的是（　　　）。

A．正时标记没有对准　　　　B．燃油品质不达标

C．正时皮带松动或断裂　　　D．张紧器损坏造成张紧力不够而跳齿

附：案例分析

案例一

故障主题	正时皮带断裂导致发动机无法启动				
品牌/车型	丰田	年款/VIN		2006	
行驶里程	196 590 km	发动机型号	1.8 L	变速器型号	CVT
故障现象描述：一辆2000年的丰田汽车，客户描述在行驶中熄火就再也不能着车					
故障原因分析：发动机熄火无法启动着车故障的原因较多，常见的有以下几种。 （1）燃油系统故障； （2）电路故障故障； （3）润滑系统故障； （4）冷却系统故障； （5）机械故障					
故障排除过程：了解其工作原理后，着手进行故障排除。 （1）验证故障，和客户描述一致； （2）初步进行外观检查（有无碰撞、油水泄漏、点火、燃油等）未见异常； （3）测量发动机缸压，基本没有缸压； （4）拆卸正时盖，发现发动机正时皮带断裂； （5）拆卸发动机气缸盖，更换正时皮带以及受损的配气机构零部件，试车故障排除					
故障总结：这起故障是由于没有及时更换发动机正时皮带导致皮带断裂，正时紊乱，气门弯曲无法按正时顺序开关进、排气门，没有压缩压力发动机无法点火，所以启动不了发动机					

案例二

故障主题	发动机异响、加速无力			
品牌/车型	丰田	年款/VIN	2006	
行驶里程	239 870 km	发动机型号	1.8 L	变速器型号	CVT
故障现象描述：一辆 2003 款丰田汽车，客户反映发动机异响，加速无力				
故障原因分析：发动机异响、加速无力故障点很多，针对客户描述的故障及使用时间和里程主要从以下几个方面进行检测。 （1）检测发动机异响来自发动机的上部或者是下部，如有必要，需要解体进行检测； （2）检测发动动力不足，主要对缸压、进排气、点火、燃油进行检测				
故障排除过程：了解其工作原理后，着手进行故障排除。 （1）验证故障，和客户描述一致； （2）检查异响来自发动机上部，像气门声音； （3）初步进行外观检查，无油水泄漏，进、排气正常，点火、燃油系统正常，缸压偏低； （4）拆卸气门室盖，检查气门间隙偏大，进气达到 0.35 mm（标准为 0.22～0.28 mm），排气达到 0.4 mm（标准为 0.27～0.33 mm）； （5）更换气门挺筒调整间隙，故障排除				
故障总结：这起故障是由于使用时间和里程较长，气门挺筒磨损导致气门间隙过大，产生气门异响和进、排气不充分，属于正常磨损				

学习项目四　冷却系统检修

本学习项目介绍发动机冷却系统的检修，分为 3 个工作任务：工作任务一为冷却系统结构组成认知、工作任务二为冷却系统检修、工作任务三为冷却系统典型故障诊断。通过 3 个工作任务的学习，掌握发动机冷却系统的结构组成与原理以及拆装与检修的技能，能进行发动机冷却系统的检修。

工作任务一　冷却系统结构组成认知

■■任务情境

一、任务描述

一辆丰田卡罗拉 GL 型轿车，进厂报修时的故障现象：发动机水温高。经初步检查怀疑是冷却系统问题，你的主管让你对冷却系统进行拆检，你能完成吗？

二、任务提示

根据故障现象，需要对冷却系统进行拆装和检查。

■■任务目标

一、知识目标

（1）能描述冷却系统的作用、组成和工作过程；
（2）能描述冷却系统的拆装步骤。

二、能力目标

（1）能进行冷却系统的拆装；
（2）能进行冷却系统的检查。

必备知识

一、基本知识

1．冷却系统的作用

发动机冷却系统在发动机中扮演着重要的角色，冷却系统可以在发动机工作时对温度进行合理地调节与控制，使发动机各部件保持在正常的工作温度，从而获得理想的动力输出与良好的燃油经济性。如果没有冷却系统的帮助，发动机将无法正常工作。

汽车发动机的工作循环是在高温高压下进行的，进入气缸的混合气燃烧时的温度最高可达 2 000 ℃ 以上，如图 4-1-1 所示。此时发动机的活塞、缸体、气缸盖、气门等部件与高温可燃混合气接触而强烈受热，此时发动机如果得不到有效降温，会使其机械强度变差，同时会引起气缸充气系数下降，造成空燃比失调而使发动机异常燃烧。而气缸内温度过高还会使混合气早燃（提前燃烧），导致出现严重损害发动机的爆震现象。过高的温度还会使润滑油烧损、变质，高温情况下会使气缸内间隙变小，破坏油膜的保护，造成润滑能力下降，严重时还会引起黏着磨损、卡死（拉缸）故障。

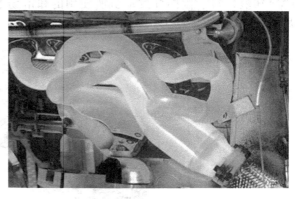

图 4-1-1　高温下的发动机排气管

为了避免这些不良后果，使发动机正常运转，从而发挥应有的动力输出，在经济性、动力性与耐用性上得到较好的表现，冷却系统的正常工作是必不可少的。

当发动机运转时，燃烧室中的燃烧温度为 2 000 ℃ 或更高，如图 4-1-2 所示。它使发动机的各种零件受热，如果持续下去，气缸壁、活塞及气门就会过热，导致发动机故障。所以，发动机必须通过冷却系统随时冷却，以使发动机保持在可接受的温度范围内。汽车发动机冷却系统根据冷却方法的不同分为两类：风冷和水冷。一般来说，除了摩托车及一些小型轿车以外，其他车辆广泛应用水冷系统，如图 4-1-3 所示。

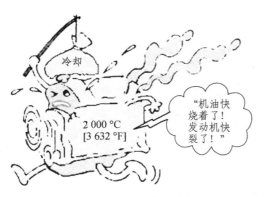

图 4-1-2　发动机高温

图 4-1-3　水冷与风冷

2. 冷却系统的结构组成

在冷却系统中，冷却液充当冷却介质流经发动机水道。冷却系统的主要零部件有水泵、节温器、散热器、散热风扇、控制电路和膨胀水箱（副水箱）等。

（1）冷却液。

冷却液作为发动机冷却介质又被称为防冻液，如图 4-1-4 所示。冷却液由水、防冻剂、添加剂三部分组成，按防冻剂成分不同可分为酒精型、甘油型、乙二醇型等类型的冷却液。其中乙二醇型冷却液是用乙二醇作防冻剂，并添加少量抗泡沫、防腐蚀等综合添加剂配制而成。由于乙二醇易溶于水，可以任意配成各种冰点的冷却液，其最低冰点可达 – 68 °C，这种冷却液具有沸点高、泡沫倾向低、黏温性能好、防腐和防垢等特点，是一种较为理想的冷却液，目前国内外发动机所使用的和市场上所出售的冷却液几乎都是这种乙二醇型冷却液。

图 4-1-4　发动机冷却液

（2）水泵。

水泵的作用是对冷却液加压，保证其在冷却系统中循环流动。水泵的故障通常为水封的损坏造成漏液，轴承故障使转动不正常或出声。在出现发动机过热现象时，最先应该注意的是水泵皮带，应检查皮带是否断裂或松动。水泵实物如图 4-1-5 所示。

图 4-1-5　水泵实物

（3）节温器。

节温器（见图 4-1-6）在 80 ℃ 后开启，95 ℃ 时开度最大。节温器不能关闭，会使循环从开始就进入"正常循环"，这样就造成发动机不能尽快达到或无法达到正常温度。节温器不能开启或开启不灵活，会使冷却液无法经过散热器循环，造成温度过高。如果因节温器不能开启而引起过热时，散热器上、下两水管的温度和压力会有所不同。

（4）散热器。

散热器（见图 4-1-7）由进水室、出水室及散热器芯三部分构成。发动机工作时，冷却液在散热器芯内流动，空气在散热器芯外通过。热的冷却液由于向空气散热而变冷，冷空气则因为吸收冷却液散出的热量而升温，所以散热器是一个热交换器。

图 4-1-6　节温器

图 4-1-7　散热器

（5）散热风扇和控制电路。

散热风扇也称冷却风扇，装在散热器后面，将空气吸进散热器，吹向发动机机体。早期的散热风扇采用硅油离合器控制，现在常用的散热风扇为电动风扇，通常由电动机、风扇叶片、风扇架等组成。

以丰田卡罗拉为例，电动风扇的控制电路如图 4-1-8 所示。发动机 ECU 根据水温、车速、发动机转速和空调工作状况计算最佳风扇转速。当 ECU 的 FAN 接地时，1 号风扇继电器闭合，冷却风扇电机（马达）低速运转；当 ECU 的 FAN 1 端子接地时，2 号风扇继电器闭合，冷却风扇电机（马达）高速运转（电流不经过风扇电阻）。

3. 冷却系统的工作过程

冷却系统的功能是将发动机受热部件吸收的部分热量及时散发出去，对发动机进行冷却，使其保持在正常的温度下工作。

冷却系统一般以冷却介质划分，冷却系统

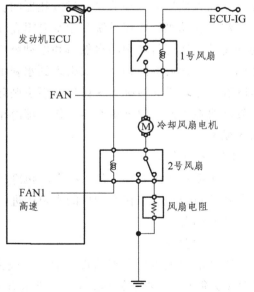

图 4-1-8　卡罗拉散热风扇控制电路

分为风冷系统与水冷系统。随着汽车发动机功率越来越大，对散热的要求也越来越高，风冷系统由于很难达成均匀的散热效果，容易使一些部件造成过热从而损伤发动机，并且散热效率不如水冷系统好，所以现在汽车几乎全部使用了水冷式散热系统。在水冷系统中，冷却液在水泵的驱动下，在冷却系统内部循环流动，如图 4-1-9 所示。

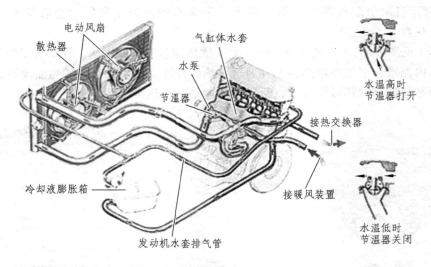

图 4-1-9　水冷系统工作原理图

其实冷却系统除了对发动机有冷却作用外，还有"保温"的作用，因为"过冷"或"过热"都会影响发动机的正常工作。这个过程主要是通过节温器实现发动机冷却系统"大小循环"的切换。什么是冷却系统的大小循环？可以简单理解为，小循环的冷却液是不通过散热器的，而大循环的冷却液是通过散热器的。

汽车发动机的冷却系统利用水泵提高冷却液的压力，强制冷却液在发动机的冷却水道中循环流动，通过行驶中的自然风和电动风扇，将发动机多余的热量带走，使其保持在最佳工作温度。冷却后的冷却液再次引入到水套中，周而复始，实现对发动机的冷却。这种为发动机降温的循环模式被称为主循环，而主循环模式还必须设置成两种不同的冷却循环模式来保证发动机在不同工况下更好地工作，即冷车循环和正常循环（也就是司机口中常说的小循环与大循环）。

（1）冷车循环。

冷车循环（小循环）是指在发动机冷启动后，温度较低的冷却液不会将节温器打开，此时冷却液只经过水泵在发动机的水道中进行循环，目的是使发动机尽快达到正常的工作温度，如图 4-1-10 所示。

（2）大循环。

冷却液温度达到节温器设定值（一般为 80 ℃）时，节温器阀门打开，冷却液进行正常循环（大循环），这时冷却液从发动机水道中流出，经过车头位置的散热器进行散热，水泵再将散热冷却后的冷却液送入发动机进行冷却循环，如图 4-1-11 所示。

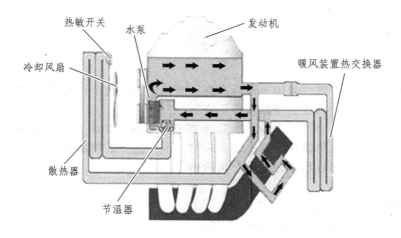

图 4-1-10　发动机冷却系统小循环示意图

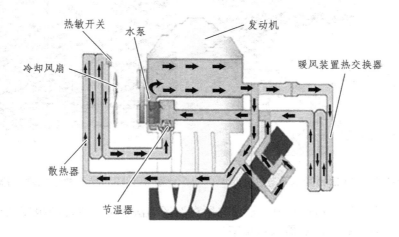

图 4-1-11　发动机冷却系统大循环示意图

节温器负责控制循环模式的切换，使发动机尽量保持在最佳工作温度。

另外，针对车内空调取暖，系统还会设置一个单独的取暖循环，冷却液经过车内的取暖装置，将热量送入车内，再回到发动机进行冷却。取暖循环不受节温器的控制，只要车内打开暖风，这套循环系统便开始工作。

二、基本技能

下面以卡罗拉发动机为例，介绍冷却系统的拆装与检查步骤。

（1）准备工作。

① 防护装备：工作服、工作帽、手套、劳保鞋。

② 车辆、台架、总成：卡罗拉整车、1ZR-FE 发动机一台（节温器拆装）。

③ 车间设备：举升机、水盆。

④ 专用工具：散热器盖检测仪。

⑤ 手工工具：拆装工具一套。

⑥ 辅助材料：防冻液、抹布等。

（2）散热器的拆卸。

① 排放冷却液。

提示： 释放系统压力时，要用厚布盖在膨胀水箱（副水箱）压力盖上，以防冷却液喷出烫伤人。疏忽这些指示，可能会导致人身伤害。

a. 在膨胀水箱盖上，盖上一块抹布，旋下膨胀水箱盖，如图 4-1-12 所示。

注意： 在发动机和散热器还没有冷却下来时，不要拆下散热器储液罐盖。加压的热发动机冷却液和蒸气可能会释放出来并导致严重烫伤。

b. 拆卸发动机下护板。

c. 在发动机下方，放置冷却液收集盘。

d. 松开散热器放水螺塞，如图 4-1-13 所示。

图 4-1-12　旋松膨胀水箱盖　　　　图 4-1-13　松开放水螺塞，排放冷却液

提示： 把冷却液收集到容器中，根据你所在地区的法规进行冷却液报废处理。

e. 排放干净后，旋上散热器放水螺塞。

② 拆卸散热器上导流板。

如图 4-1-14 所示，拆下 6 个卡子和散热器上导流板。

图 4-1-14　拆卸散热器上导流板

③ 拆卸散热器格栅防护罩。

如图 4-1-15 所示，拆下 2 个散热器格栅防护罩。

④ 拆卸前保险杠总成，如图 4-1-16 所示。

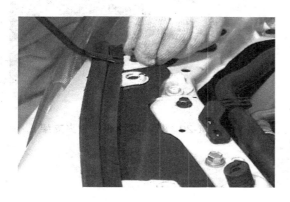

图 4-1-15　拆卸散热器格栅防护罩

图 4-1-16　拆卸前保险杆总成

a. 使用螺丝刀，将销转动 90° 并拆下销固定卡子。

b. 沿前保险杠总成四周粘贴保护胶带。

c. 拆下 6 个螺钉、2 个螺栓和 5 个卡子。

d. 分离 6 个卡爪并拆下前保险杠总成。

⑤ 断开雾灯连接器，如图 4-1-17 所示。

⑥ 拆卸发动机 1 号底罩，如图 4-1-18 所示。

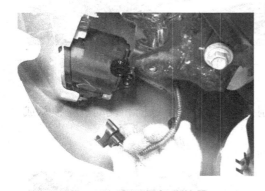

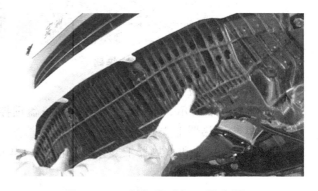

图 4-1-17　断开雾灯连接器

图 4-1-18　拆卸发动机 1 号底罩

⑦ 拆下蓄电池，如图 4-1-19 所示。

a. 关闭所有用电器和门窗，断开蓄电池端子。

b. 拆下螺栓并松开螺母。

c. 拆下蓄电池。

⑧ 拆卸散热器储液罐软管支架。

如图 4-1-20 所示，从散热器上支架上拆下 2 个螺栓、2 个卡夹和水软管卡夹支架。

图 4-1-19　拆下蓄电池

图 4-1-20　拆卸螺栓和水管夹支架

⑨ 断开喇叭连接器。

如图 4-1-21 所示，断开 2 个喇叭连接器。

⑩ 分离环境温度传感器。

如图 4-1-22 所示，断开连接器，分离卡夹和环境温度传感器。

图 4-1-21　断开喇叭连接器

图 4-1-22　分离环境温度传感器

⑪ 拆卸发动机盖锁总成。

如图 4-1-23 所示，断开连接器和发动机盖锁控制拉索，拆下 3 个螺栓和发动机盖锁总成。

⑫ 拆卸散热器上支架。

拆下 4 个螺栓和散热器上支架，如图 4-1-24 所示。

图 4-1-23　拆卸发动机盖锁总成

图 4-1-24　拆卸散热器上支架

⑬ 拆卸 2 号风扇罩。

如图 4-1-25 所示，拆卸 2 个卡爪和 2 个螺栓，取下 2 号风扇罩。

⑭ 断开散热器上水管。

如图 4-1-26 所示，从散热器总成上断开散热器上水管。

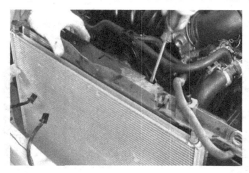

图 4-1-25 拆卸 2 号风扇罩　　　　图 4-1-26 断开散热器上水管

⑮ 如图 4-1-27 所示，从散热器总成上断开散热器储液罐软管。

⑯ 断开风扇电机连接器。

如图 4-1-28 所示，断开冷却风扇电机连接器和线束卡夹。

图 4-1-27 断开散热器储液罐软管　　　　图 4-1-28 断开风扇电机连接器

⑰ 断开散热器下水管。

如图 4-1-29 所示，从散热器总成上断开散热器下水管。

⑱ 取下散热器总成。

如图 4-1-30 所示，将散热器总成和风扇罩一起拆下。

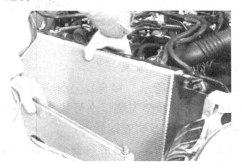

图 4-1-29 断开散热器下水管　　　　图 4-1-30 取下散热器和风扇罩

注意：配备空调系统的车辆拆下散热器总成时，不要对冷凝器总成或冷却管施加过大的力。

⑲ 拆卸风扇罩。

如图 4-1-31 所示，从散热器总成上拆下 2 个螺栓和风扇罩。

⑳ 散热器拆卸完成，如图 4-1-32 所示。

图 4-1-31　拆下风扇罩　　　　　　　　　图 4-1-32　散热器

（3）散热器的安装。

提示：按拆卸的相反顺序安装，以下介绍主要安装步骤。

① 安装风扇罩。

如图 4-1-33 所示，用 2 个螺栓将风扇罩安装至散热器总成上，扭矩为 7.0 N·m。

② 安装散热器总成。

如图 4-1-34 所示，安装 2 个散热器下支架，并将散热器总成和风扇罩一起安装。

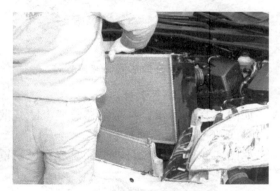

图 4-1-33　安装风扇罩　　　　　　　　　图 4-1-34　安装散热器总成

③ 安装 2 号风扇罩。

如图 4-1-35 所示，接合 2 个卡爪并用 2 个螺栓将 2 号风扇罩安装至散热器总成，将 2 个散热器支架缓冲垫安装至 2 号风扇罩，扭矩为 7.0 N·m。

④ 安装散热器储液罐软管。

如图 4-1-36 所示，将散热器储液罐软管安装至软管卡夹，并将散热器储液罐软管安装至散热器总成。

图 4-1-35　安装 2 号风扇罩　　　　图 4-1-36　安装储液罐软管到散热器总成

⑤ 连接散热器下水管。

如图 4-1-37 所示，用卡夹将散热器下水管连接到散热器总成上。

⑥ 安装散热器上支架。

如图 4-1-38 所示，用 4 个螺栓安装散热器上支架，扭矩为 13 N·m。

图 4-1-37　安装散热器下水管　　　　图 4-1-38　安装散热器上支架

⑦ 连接冷却风扇电动机连接器。

如图 4-1-39 所示，连接冷却风扇电动机连接器和线束卡夹。

⑧ 安装发动机盖锁总成，如图 4-1-40 所示。

图 4-1-39　连接冷却风扇电动机连接器和线束卡夹　　　图 4-1-40　安装发动机盖锁总成

a. 在锁的滑动区域涂抹通用润滑脂。

b. 用 3 个螺栓安装发动机盖锁总成。定心螺栓扭矩为 7.5 N·m、标准螺栓扭矩为 8.0 N·m。

c. 连接发动机盖锁控制拉索。

d. 连接连接器。

⑨ 安装环境温度传感器。

如图 4-1-41 所示，接合卡夹，并安装环境温度传感器，连接线束连接器。

⑩ 连接两个喇叭连接器。

如图 4-1-42 所示，连接两个喇叭连接器。

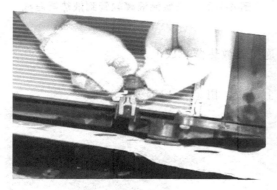

图 4-1-41　安装环境温度传感器

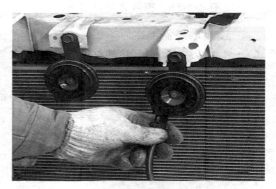

图 4-1-42　连接喇叭连接器

⑪ 连接散热器上水管。

如图 4-1-43 所示，用卡夹将散热器上水管连接到散热器总成上。

⑫ 如图 4-1-44 所示，用 2 个螺栓和 2 个卡夹将水软管卡夹支架安装至散热器上支架，扭矩为 5.0 N·m。

图 4-1-43　连接散热器上水管

图 4-1-44　安装水软管卡夹支架

⑬ 安装蓄电池。

如图 4-1-45 所示，安装蓄电池卡夹，安装蓄电池接线端子。

⑭ 添加冷却液。

a. 发动机在冷态时，发动机冷却液液位应在 LOW 和 FULL 刻度线之间，如图 4-1-46 所示。

图 4-1-45　安装蓄电池

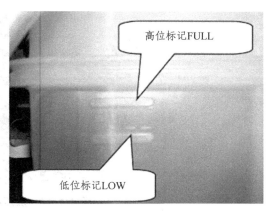

高位标记FULL

低位标记LOW

图 4-1-46　冷却液刻度线

提示：如果发动机冷却液液位低于 LOW 刻度线，检查冷却液是否泄漏，并添加"丰田长效冷却液（SLLC）"，或类似的不含硅酸盐、氨、亚硝酸盐和硼酸盐且采用长效复合有机酸技术制成的优质乙二烯乙二醇冷却液到刻度线。

提示：在散热器储液罐口加注冷却液，加注量为 5.6 L。

注意：切勿用水代替冷却液。

b. 拆下散热器盖并将冷却液加注至储液罐 B 刻度线。

c. 用手按压散热器进水管和出水管数次，然后检查冷却液液位。如果冷却液液位过低应继续加注。

d. 安装散热器盖，使发动机暖机。

e. 排空冷却液空气。

注意：启动发动机前，关闭空调开关，将加热器控制调节至最高温度设定，调节鼓风机转速至低位置。

f. 发动机暖机至节温器打开。节温器打开时，使冷却液循环数分钟。

提示：按压散热器进水管可以确认节温器的开启正时，并感觉发动机冷却液从何时开始流入软管。

注意：按压散热器软管时，带保护手套，散热器软管处于热态时，应小心远离散热器风扇。

g. 发动机暖机后，按照以下周期运行发动机至少 7 min：以 3 000 r/min 的转速运转 5 s，怠速运转 45 s（按此周期重复操作至少 8 次）。

h. 用手按压散热器进水管和出水管数次，以排空系统内的空气。

i. 发动机冷机后，检查并确认发动机冷却液液位在 FULL 和 LOW 刻度之间。如果冷却液液位过低则将冷却液加注至 FULL 刻度线。

⑮ 检查冷却液是否泄漏。

a. 向散热器总成中注满发动机冷却液，然后连接散热器盖检测仪。

b. 泵压至 108 kPa，然后检查并确认压力是否下降。如果压力下降，检查软管、散热器总成和水泵总成是否泄漏。如果发动机外部没有冷却液泄漏痕迹，则检查加热器芯、气缸体、气缸盖，如图 4-1-47 所示。

图 4-1-47　加压检查冷却液是否泄漏

⑯ 如图 4-1-48 所示，按拆卸相反的顺序依次安装发动机 1 号底罩、前保险杠、雾灯连接器、散热器格栅防护罩、散热器上导流板。

图 4-1-48　安装发动机 1 号底罩等部件

（4）节温器的拆卸、检查与安装。

① 根据实际情况，排放冷却液及拆卸其他妨碍拆卸的部件。

② 拆卸节温器。

a. 拆下 2 个螺母和进水管，如图 4-1-49 所示。

b. 拆下节温器和衬垫，如图 4-1-50 所示。

图 4-1-49　拆卸螺母和进水管

图 4-1-50　拆卸节温器和衬垫

c. 从节温器上拆下衬垫。

③ 检查节温器。

提示：阀门开启温度刻在节温器上，如图 4-1-51 所示。

a. 将节温器放入水中然后逐渐将水加热，如图 4-1-52 所示。

图 4-1-51　节温器开启温度刻度

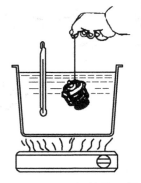

图 4-1-52　加热节温器

b. 检查节温器阀门开启温度，阀门开启温度为 80～85 ℃。

提示：如果阀门开启温度不符合规定，则更换节温器。

c. 检查阀门升程，阀门升程在 95 ℃ 时为 10 mm 或更大，如图 4-1-53 所示。

提示：如果阀门升程不符合规定，则更换节温器。

d. 当节温器处于低温（低于 77 ℃）时，检查并确认阀门全关。

提示：如果不能全关，则更换节温器。

④ 节温器安装，如图 4-1-54 所示。

a. 将新衬垫安装在节温器上。

b. 将节温器安装至进水口。

注意：跳阀可设置在规定位置两侧 10° 范围内。

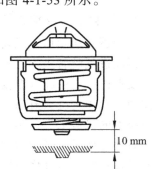

10 mm

图 4-1-53　节温器升程

图 4-1-54　安装节温器

c. 用 2 个螺母安装进水口，扭矩为 10 N·m，如图 4-1-55 所示。

图 4-1-55　安装进水口

⑤ 根据实际情况添加冷却液及安装其他预先拆卸的部件。

三、拓展知识

1. 涡轮增压发动机的中冷器

中冷器是涡轮增压发动机的必备部件，起到冷却空气的作用，高温空气经过中冷器的冷却，再经进气歧管进入发动机，如图 4-1-56 所示。

发动机排出的废气温度非常高，通过增压器的热传导会提高进气的温度，并且空气在被压缩的过程中密度会升高，这样也导致了进气温度的升高，从而影响发动机的充气效率，使增压原本的优势消失殆尽。如果想要进一步提高充气效率，就要降低进气温度。

另外，如果未经冷却的增压空气进入燃烧室时，除了会影响发动机的充气效率以外，还很容易导致发动机燃烧温度过高，造成爆震等故障，因此为了消除增压后的空气升温造成的不利影响，必须加入中冷器来配合增压系统工作。

图 4-1-56 中冷器是涡轮增压发动机的必备部件

2. 电磁阀控制的冷却液循环系统

一些带缸内直喷涡轮增压的发动机还采用了电磁阀来控制发动机冷却液循环，如图4-1-57 所示。

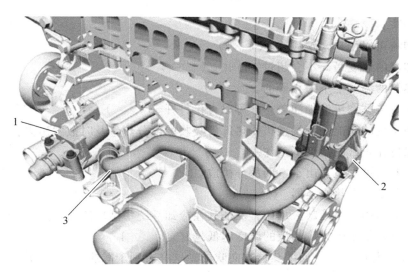

图 4-1-57 电磁阀控制的冷却液循环系统
1—切断电磁阀；2—旁通电磁阀；3—冷却管路（小循环）

采用了旁通电磁阀和切断电磁阀后，发动机冷却循环水道得到了扩展。发动机在暖机工况过程中，通过这两个电磁阀来控制冷却液流向，从而实现发动机的快速暖机，这有助于显著减少发动机暖机过程中的有害物排放。这两个电磁阀都是由发动机控制模块控制的。

四、学习小结

（1）冷却系统的作用是在发动机工作时对温度进行合理地调节与控制，使发动机各部件保持在正常的工作温度范围内。

（2）在冷却系统中，冷却液充当冷却介质流经发动机水道。冷却系统的主要零部件有水泵、节温器、散热器、散热风扇、控制电路和膨胀水箱（副水箱）等。

（3）散热器拆装步骤，节温器拆卸检查和安装步骤。

五、任务分析

冷却系统各组成部件都可能造成发动机水温高的故障。最常见的故障是冷却水管泄漏，冷却液不足造成水温高，此时应更换或维修泄漏部位。

六、自我评估

1. 填空题

（1）冷却系统可以在工作时对＿＿＿＿＿＿进行合理地调节与控制。

（2）水泵的作用是对冷却液＿＿＿＿＿＿＿＿，保证其在冷却系统中＿＿＿＿＿＿＿＿。

（3）发动机的冷却方式一般有＿＿＿＿＿＿和＿＿＿＿＿＿两种。

（4）冷却液的流向与流量主要由＿＿＿＿＿＿＿来控制。

2. 判断题

（1）冷却液可以用自来水代替。（　　　）

（2）冷却液的温度最高不会超过 100 ℃。（　　　）

（3）散热器的温度上下是相等的。（　　　）

（4）冷却液盖就像机油加注盖一样可以直接打开。（　　　）

（5）冷却系统的功能是将发动机受热部件吸收的部分热量及时散发出去，对发动机进行冷却，使其保持在正常的温度下工作。（　　　）

（6）散热器由进水室、出水室两部分构成。（　　　）

（7）散热器是一个热交换器。（　　　）

（8）水泵的作用是对冷却液加压，保证其在冷却系统中循环流动。（　　　）

（9）发动机在使用中，冷却液的温度越低越好。（　　　）

（10）风扇工作时，风是向散热器方向吹的，这样有利于散热。（　　　）

（11）任何水都可以直接作为冷却液加注。（　　　）

（12）采用具有空气-蒸气阀的散热器盖后，冷却液的工作温度可以提高至 100 ℃ 以上而不"开锅"。（　　　）

（13）发动机工作温度过高时，应立即打开散热器盖，加入冷水。（　　　）

（14）当冷却液面过低时，可以直接加注冷却液。（　　　）

3. 选择题

（1）发动机冷却液的循环压力来自（　　　）。

    A. 水泵　　　B. 散热器　　　C. 膨胀水箱　　　D. 发动机产生的内热

（2）在发动机冷却系统中，能够改变冷却液循环路线的元件是（　　）。

    A. 水泵　　　　　B. 散热器　　　　　C. 膨胀水箱　　　　　D. 节温器

（3）图 4-1-58 中元件 4 的名称是（　　）。

    A. 水泵　　　　　B. 节温器　　　　　C. 水温开关　　　　　D. 膨胀水箱

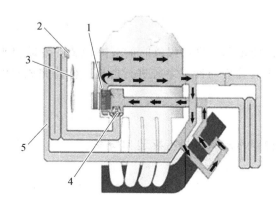

图 4-1-58　冷却系统

（4）加注冷却液时，下列说法正确的是（　　）。

    A. 加注到膨胀水箱的下位线　　　　　B. 加注到膨胀水箱的上位线

    C. 加满最好　　　　　D. 加注在上位线与下位线之间

（5）下列说法正确的是（　　）。

    A. 可以使用矿物质水代替发动机的冷却液

    B. 可以使用自来水代替发动机的冷却液

    C. 可以使用蒸馏水代替发动机的冷却液

    D. 发动机必须使用专用的冷却液

（6）图 4-1-59 中元件 5 的名称是（　　）。

    A. 散热器　　　　　B. 暖风水箱　　　　　C. 膨胀水箱　　　　　D. 节温器

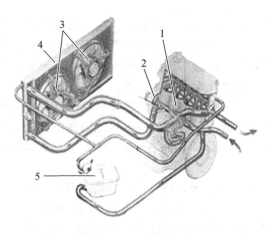

图 4-1-59　水冷系统

工作任务二 冷却系统检修

◾任务情境

一、任务描述

一辆丰田卡罗拉 GL 型轿车，进厂报修时的故障现象：发动机水温高。经初步检查怀疑是冷却系统问题，你的主管让你对冷却系统进行拆检，你能完成吗？

二、任务提示

根据故障现象，需要对冷却系统进行拆装和检查。

◾任务目标

一、知识目标

（1）能描述冷却系统的常见故障；
（2）能描述冷却系统的检修方法及数据。

二、能力目标

能进行冷却系统各组成的分解和检查。

◾必备知识

一、基本知识

冷却系统的主要作用是维持发动机在正常的温度范围内工作，发动机的温度直接决定着它的工作状态。温度过低，发动机的效率就会很低，但当温度超出发动机本身所能承受的极限时，又会带来灾难性的后果。随着车辆使用时间的积累，谁也不能保证在冷却系统方面不会出一点问题，冷却系统泄漏就让车主饱受折磨。

如果冷却系统泄漏，发动机将无法降温，其中运动机件将可能因受热膨胀而破坏正常间隙，或因润滑油在高温下失效而卡死，各机件也可能因高温导致机械强度降低甚至损坏。因此，必须及时地排除故障或更换受损零件。冷却系统的常见故障如下：

（1）散热器盖泄漏。

如果散热器盖（见图 4-2-1）泄漏，冷却系统在与大气联通时，起不到密封作用，水蒸气会逸出，冷却系统内的压力会等于大气压力，冷却液的沸点降低，冷却系统发生"开锅"现象。冷却液将越来越少，发动机会出现高温现象，如不及时维修将损坏发动机。散热器盖泄漏一般比较缓慢，车主不易察觉，一旦出现冷却液偏少，一定要查明原因，不能只是添加冷却液。

（2）散热器泄漏。

随着使用时间的增加或者不按规定更换冷却液，散热器（见图4-2-2）将会产生水垢、锈蚀以及开裂现象造成冷却液泄漏。如车辆在行驶中散热器被飞石击中都有可能会造成冷却液泄漏现象。

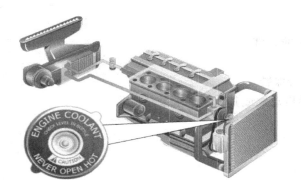

图 4-2-1　散热器盖　　　　　　　　　　　　　　图 4-2-2　散热器

（3）水管脱落或爆裂。

随着使用年限的延长，车辆上的水管将出现老化现象，如图4-2-3所示。此时必须尽快进行维修，不同的水管有不同的管接头，在维修中一定要使用合适的管接头。常见的管接头有带螺纹的连接头、弹性夹和使用螺钉紧固的卡箍。水管出现老化现象如不及时维修或操作不当会出现爆管和水管脱落，发动机温度将急剧升高从而损坏发动机。当出现水管爆管或脱落时，将会看到在发动机舱有白烟（水蒸气）冒出，地上有明显的水迹。这时需马上把车辆停在安全区域，并关闭发动机，做好警示标记并呼叫救援。

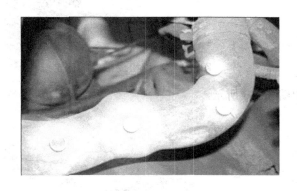

图 4-2-3　水管泄漏

（4）风扇工作不良。

当风扇叶片出现破损、弯曲、变形后，应及时更换。由于风扇连接板强度不足或其他原因使叶片弯曲或扭曲变形，破坏了风扇叶片原设计的角度，使其丧失平衡性能，不但影响通过散热器的空气流速和流量，而且会降低散热器的冷却能力，甚至打坏散热器，加速水泵轴承、水封的损坏，大幅度地增加风扇的噪声。

电动风扇转速不足或不转，与风扇控制有关，应检查风扇控制电路，包括风扇电动机、冷却液温度传感器、控制模块及其线路。

二、基本技能

1．水泵和节温器的分解、检查与组装

下面介绍水泵和节温器的分解、检查与组装步骤。

（1）准备工作。

① 防护装备：工作服、工作帽、手套、劳保鞋。

② 车辆、台架、总成：桑塔纳 AJR 发动机总成或其他车型水泵总成。

③ 车间设备：油盆。

④ 专用工具：无。

⑤ 手工工具：拆装工具一套。

⑥ 辅助材料：热水、抹布等。

（2）分解水泵和节温器总成。

① 固定水泵轴，如图 4-2-4 所示。

② 拧松皮带轮上的 3 个固定螺栓，如图 4-2-5 所示。

图 4-2-4　使用开口扳手固定住水泵轴　　　　图 4-2-5　拧松皮带轮的固定螺栓

③ 拆去皮带轮上的 3 个固定螺栓，如图 4-2-6 所示。

④ 取下皮带轮，如图 4-2-7 所示。

图 4-2-6　拆去皮带轮的固定螺栓　　　　图 4-2-7　取下皮带轮

⑤ 拧松节温器盖上的 2 个固定螺栓，如图 4-2-8 所示。

⑥ 拆去节温器盖上的 2 个固定螺栓，如图 4-2-9 所示。

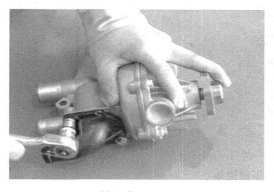

图 4-2-8 拧松节温器盖的固定螺栓

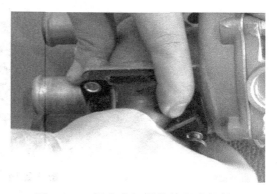

图 4-2-9 拆去节温器盖的固定螺栓

⑦ 取下节温器盖，如图 4-2-10 所示。

⑧ 取出节温器及密封圈，如图 4-2-11 所示。

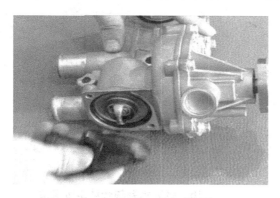

图 4-2-10 取下节温器盖

图 4-2-11 取出节温器及密封圈

⑨ 拧松水泵前壳体上的 8 个固定螺栓，如图 4-2-12 所示。

⑩ 拆去水泵前壳体上的 8 个固定螺栓，如图 4-2-13 所示。

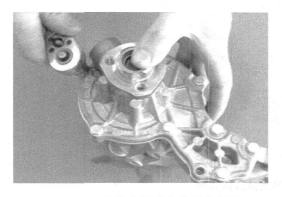

图 4-2-12 拧松水泵前壳体固定螺栓

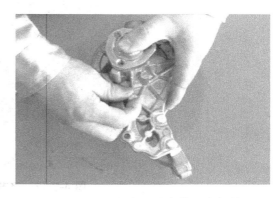

图 4-2-13 拆去水泵前壳体固定螺栓

⑪ 取下水泵前壳体及密封垫，如图 4-2-14 所示。

图 4-2-14　取下前壳体

（3）检查水泵。

① 检查水泵的叶轮应无破损，如图 4-2-15 所示。

② 检查叶轮与泵轴应无松动，泵轴应转动灵活，无卡滞现象，如图 4-2-16 所示。

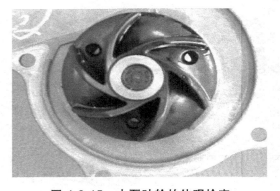

图 4-2-15　水泵叶轮的外观检查

图 4-2-16　检查水泵轴转动是否灵活

（4）检查节温器。

① 将节温器放入容器中，加入热水，如图 4-2-17 所示。

图 4-2-17　将节温器放入热水中

② 记录节温器阀门开始开启的温度，丰田卡罗拉 1ZR-FE 节温器开启温度为 80～84 ℃。

在温度上升至 85 ℃ 以上时，节温器阀门应全部开启，其升程应不小于 10 mm，并在低温状态（低于 77 ℃）时应完全关闭，否则应予以更换，如图 4-2-18 所示。

③ 在热水中取出节温器后，阀门应闭合，如图 4-2-19 所示。

图 4-2-18　观察节温器阀的开启温度及开启升程

图 4-2-19　节温器从热水中取出

（5）组装水泵和节温器总成。

① 把水泵密封垫、水泵前壳体放在水泵后壳体上，如图 4-2-20 所示。

② 拧上水泵前壳体上的 8 个固定螺栓，如图 4-2-21 所示。

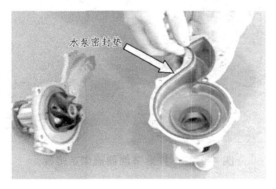

图 4-2-20　组装水泵前壳体

图 4-2-21　拧上水泵前壳体的固定螺栓

③ 拧紧水泵前壳体上的 8 个固定螺栓，拧紧扭矩为 15 N·m，如图 4-2-22 所示。

④ 将节温器安装到座孔内，如图 4-2-23 所示。

图 4-2-22　按规定扭矩拧紧水泵前壳体固定螺栓

图 4-2-23　安装节温器

⑤ 安装密封圈，如图 4-2-24 所示。

⑥ 安装节温器盖，如图 4-2-25 所示。

图 4-2-24　安装密封圈

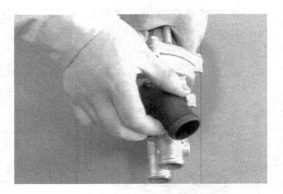
图 4-2-25　安装节温器盖

⑦ 装上节温器盖的 2 个固定螺栓，如图 4-2-26 所示。

⑧ 拧紧节温器盖的 2 个固定螺栓，拧紧扭矩为 10 N·m，如图 4-2-27 所示。

图 4-2-26　安装节温器盖固定螺栓

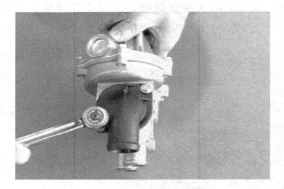
图 4-2-27　拧紧节温器盖固定螺栓

⑨ 安装水泵皮带轮，如图 4-2-28 所示。

⑩ 拧上皮带轮的 3 个固定螺栓，如图 4-2-29 所示。

图 4-2-28　安装水泵皮带轮

图 4-2-29　手动拧上皮带轮固定螺栓

⑪ 固定水泵轴，如图 4-2-30 所示。

⑫ 拧紧皮带轮的 3 个固定螺栓，拧紧扭矩为 25 N·m，如图 4-2-31 所示。

图 4-2-30　开口扳手固定住水泵轴

图 4-2-31　拧紧皮带轮固定螺栓

⑬ 将新的水泵密封圈安装到槽内，如图 4-2-32、图 4-2-33 所示。

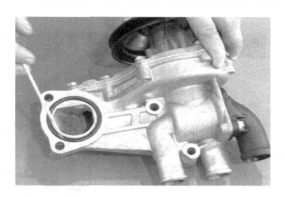

图 4-2-32　安装新的水泵密封圈（一）

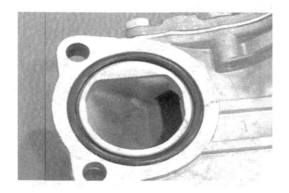

图 4-2-33　安装新的水泵密封圈（二）

2. 散热器及风扇的检查

（1）准备工作。

① 防护装备：工作服、工作帽、手套、劳保鞋。

② 车辆、台架、总成：桑塔纳整车或同类车型。

③ 车间设备：举升机。

④ 专用工具：冷却系统压力测试仪。

⑤ 手工工具：拆装工具一套。

⑥ 辅助材料：防冻液，抹布等。

（2）散热器检查。

① 检查冷却系统的密封性。

a. 打开膨胀水箱盖，如图 4-2-34 所示。

b. 将压力测试仪安装到膨胀水箱上，如图 4-2-35 所示。

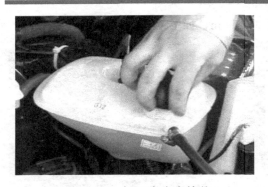

图 4-2-34　打开膨胀水箱盖

图 4-2-35　安装压力测试仪

c. 用压力测试仪上的打气筒打气，打至（130±10）kPa 的压力（表压），保持 5 min，压力测试仪表盘压力值应无明显下降，冷却系统应无泄漏现象，否则应予以修理，如图 4-2-36 所示。

② 散热器盖测试。

a. 关闭发动机并充分冷却发动机，取下散热器盖，用水清洁橡皮油封和卸压阀的区域，如图 4-2-37 所示。

图 4-2-36　检测系统有无泄漏

图 4-2-37　清洁散热器盖

b. 把散热器盖拧装在测试装置的适配器上，散热器盖浸入水中，如图 4-2-38 所示。

c. 按压柱塞泵对散热器盖施加指定量（100 kPa）的压力。如果散热器盖不能够承受这个指定量的压力，就要更换散热器盖。如果散热器盖能够承受这个指定量的压力，保持额定压力 5 min，然后查看压力计的读数。如果压力值有很大的下降，表明散热器盖存在明显的渗漏，需要进行更换，如图 4-2-39 所示。

图 4-2-38　安装散热器盖在测试仪上

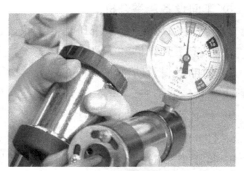

图 4-2-39　散热器盖压力测试

③ 检查散热器。

散热器应无破损、腐蚀、漏液等现象，如图 4-2-40、图 4-2-41 所示。

图 4-2-40　检查散热器外观（一）

图 4-2-41　检查散热器外观（二）

（3）风扇检查。

① 检查风扇皮带有无老化、破裂，有则应予以更换，如图 4-2-42 所示。

② 检查风扇叶片应完好无损，被动叶轮应转动灵活，无松旷，否则应予以更换，如图 4-2-43 所示。

图 4-2-42　检查散热器风扇皮带是否老化

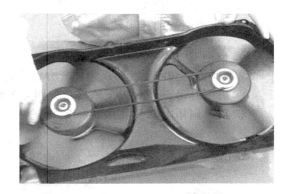

图 4-2-43　检查风扇叶片转动是否灵活

三、拓展知识

1. 风扇 ECU 控制的冷却风扇控制系统

一般的车型冷却风扇是"有级"运转的，即分低速和高速，最多加一个中速，而新款丰田等车型采用冷却风扇 ECU 控制冷却风扇，能实现风扇转速"无级"变化。

发动机 ECU 根据水温、车速、发动机转速和空调工作状况获得最佳风扇转速，计算适当的风扇转速并发送信号至冷却风扇 ECU。接收到来自发动机 ECU 的信号后，冷却风扇 ECU 会驱动风扇电动机。同时，ECU 通过无级控制来控制风扇转速。其电路图如图 4-2-44 所示。

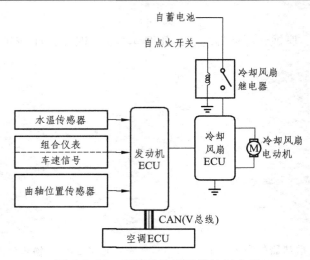

图 4-2-44　新型的冷却风扇控制电路

发动机 ECU 通过从下列情况中选择所需的风扇转速：

（1）水温所需的风扇转速。

（2）空调制冷剂压力所需的风扇转速。

（3）发动机转速所需的风扇转速。

（4）车速所需的风扇转速。

2. 冷却风扇电动机拆装与检查

以卡罗拉 1ZR-FE 发动机为例，介绍冷却风扇电动机的拆装与检查。

① 拆下螺母，然后拆下风扇，如图 4-2-45 所示。

② 从风扇罩上断开连接器和 2 个卡夹，如图 4-2-46 所示。

图 4-2-45　拆下风扇电动机螺母

图 4-2-46　断开连接器和卡夹

③ 拆下 3 个螺钉，然后拆下冷却风扇电动机。

④ 检查冷却风扇电动机，如图 4-2-47 所示。

a. 将蓄电池连接到风扇电动机连接器上，检查并确认电动机运转平稳。

b. 将电流表的 400 A 探针连接到冷却风扇电动机的端子 M+上。

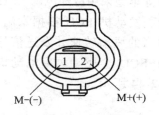

图 4-2-47　检查风扇电动机

c. 测量电动机运转时的电流。

标准电流：在 20 ℃、12 V 时电流为 7.9 ~ 10.9 A。

提示：如果测量不符合规定，应更换冷却风扇电动机。

⑤ 安装冷却风扇电动机。

按拆卸相反的顺序安装风扇电动机，扭矩为 6.3 N·m。

四、学习小结

（1）冷却系统常见的故障是散热器盖泄漏、散热器泄漏、水管脱落或爆裂、风扇工作不良等。

（2）水泵及节温器的分解、检查和组装步骤。

（3）散热器和风扇的检查步骤。

五、任务分析

水泵磨损、节温器损坏、冷却风扇不转或转速低、散热器或循环管路泄漏，都可能会造成发动机水温高。

如果拆检后发现水泵锈蚀严重，应更换新件，同时告知车主必须定期更换防冻液，不能直接加入自来水，否则可能导致同样的故障。

六、自我评估

1. 填空题

（1）发动机冷却温度过低，发动机的_____就会很低，但是温度超出发动机本身所能承受极限时，会带来灾难性的后果。

（2）不按规定更换_____，散热器将会产生水垢、_____以及开裂现象造成冷却液泄漏。

2. 判断题

（1）当出现水管爆管或脱落时，看到在发动机舱有白烟冒出，地上有明显的水迹。（　　　　）

（2）冷却系统泄漏，发动机运动机件将可能因受热膨胀而破坏正常间隙。（　　　　）

3. 选择题

（1）松开水泵上水管夹箍应该使用的工具是（　　　　）。

  A. 长柄一字螺丝刀　　　　　　B. 鲤鱼钳

  C. 棘轮扳手　　　　　　　　　D. 手锤

（2）下列关于冷却风扇说法正确的是（　　　　）。

  A. 发动机冷却液的风扇通常安装在发动机散热器的后方

  B. 电磁风扇通常不会根据发动机的温度调整转速

  C. 发动机冷却液的风扇通常安装在发动机散热器的前方

  D. 以上说法都不正确

工作任务三　冷却系统典型故障诊断

■任务情境

一、任务描述

一辆丰田卡罗拉轿车，进厂报修水温表指示值高，你的主管分配你来对其进行检修，你能完成吗？

二、任务提示

水温过高可能造成"开锅"现象，冷却液内部气泡增多，长时间下会在发动机内部的冷却水道产生穴蚀现象。另外，水温过高使得发动机内部机油变稀，各零部件工作条件变差，长期工作后可能会造成抱瓦等严重情况。

■任务目标

一、知识目标

（1）能描述发动机冷却系统的常见故障；
（2）能描述冷却系统的故障诊断方法和思路；
（3）能描述排除发动机水温过高故障的方法。

二、能力目标

（1）会检测发动机水温过高的故障；
（2）会使用冷却液泄漏检测器检测冷却系统漏水；
（3）会根据发动机故障现象判断冷却系统故障的原因；
（4）会检测节温器的性能。

■必备知识

一、基本知识

1. 发动机温度过高的特征

发动机的工作温度过高，会引起冷却液温度过高，无论散热性能如何良好，也不能降低水温。遇到发动机工作温度过高时，不能强行提高散热性能，试图降低水温，如加装电子风扇等，需要排除发动机温度过高的故障。

发动机温度过高的特征如下：

（1）汽车组合仪表信息系统有发动机水温指示装置，若发动机冷却液温度异常，组合仪表上将有显示或警告，以警示驾驶员需要对其进行维修。

（2）关闭点火开关后，发动机可能继续运转。

（3）排气管过热甚至发红。

（4）加速不良、爆燃、敲缸，也可能因机械抱死，导致发动机无法启动。

（5）发动机表面温度高，沾水立即汽化，发动机部位会有烟雾和异味产生。

2. 发动机温度过高的可能原因

（1）气缸压力过高。

气缸压力过高，压缩比增大，活塞压缩产生更多的热量，发动机工作时温度增高。

（2）点火时间过晚。

点火时间过晚，混合气不能及时、充分燃烧，未燃烧的燃料在排气管内补燃，既影响发动机的动力输出，又会使发动机温度升高。

（3）混合气过稀。

混合气过稀，会使燃烧速度减慢，燃烧后所产生的热能大部分散失于气缸壁，致使发动机气缸体温度升高。

（4）发动机装配过紧。

发动机曲轴、连杆装配过紧，会增加发动机运行时的摩擦力，从而产生大量热量，散发到气缸体，增加发动机气缸体温度。

（5）冷却系统工作不良。

二、基本技能

1. 发动机温度过高的故障诊断

提示：必须首先排除发动机机械及混合气配比造成的发动机工作温度过高的原因。以下仅介绍冷却系导致温度过高的原因。

（1）故障现象。

① 水温表指示。

水温表（见图 4-3-1）指示发动机冷却液的温度，在冷却液温度传感器良好的情况下，当水温表指针超过规定数值或达到红线刻度时，表示发动机温度过高，即冷却系统出现故障，需立即使发动机停止运行，检查并排除冷却系统故障。

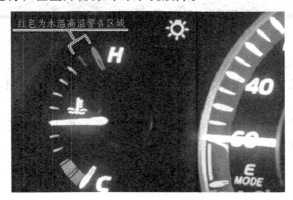

图 4-3-1　水温表警示示意图

② 水温警告灯点亮或闪烁报警。

部分车型的组合仪表没有设计水温表，而是设有水温警告灯或冷却液位警告灯。当组合仪表水温警告灯点亮时，表示发动机冷却液温度异常（刚启动时，蓝色水温灯点亮，表示水温低；红色水温灯点亮，则表示水温过高。发动机温度在正常情况下，组合仪表水温指示灯不亮）。如图 4-3-2 所示为东风日产轩逸汽车组合仪表的水温警示灯。

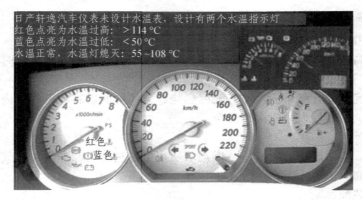

图 4-3-2　东风日产轩逸汽车仪表水温指示

③ 水温异常信息显示。

部分高端车型（如宝马），仪表上设有液晶的信息显示区域，当微机检测到故障时，将以文字信息显示出来，提醒驾驶员车辆产生故障。如图 4-3-3 所示为宝马 7 系组合仪表，组合仪表上无水温表和水温警告灯。当发动机温度过高时，组合仪表上的 ⚠ 警告灯会点亮，通过仪表信息选择按键，可以读取水温的故障信息。

图 4-3-3　宝马 7 系组合仪表

④ 发动机冷却液沸腾。

当发动机冷却液发生沸腾现象，俗称"开锅"时，不论组合仪表上水温信息有何种显示，皆表示发动机温度过高，需要检查发动机冷却系统。

发动机"开锅"时，不要随意打开散热器盖，以免发生人身伤害，需等待发动机冷却至安全状态时，方可进行操作。

（2）故障原因。

① 冷却液不足。

② 冷却液循环不良。

③ 散热器散热性能不良。

④ 冷却风扇工作不良。

（3）诊断方法。

冷却液不足将直接导致发动机散热功能不良，产生水温过高故障。冷却液量可以通过检查散热器或冷却液储液罐，确定冷却液液位。导致冷却液不足的原因有如下几种情况：

① 冷却系统泄漏。

冷却液泄漏是冷却液不足的重要原因。冷却液不足，首先要确定冷却系统是否有泄漏现象。检查冷却液泄漏的方法有以下几种：

a. 观察法。

大部分汽车发动机的冷却液中加入了专用冷却剂，多数冷却剂是有色的，如红色、蓝色等。当冷却系统发生冷却液泄漏时，泄漏处会残留有痕迹，方便查找泄漏点，如图 4-3-4 所示。

b. 冷却液泄漏检测仪检测法。

若通过观察，无法找到泄漏点，则需要使用冷却液泄漏检测仪查找。冷却液泄漏检测仪是专门用于检查发动机漏水的检测仪器，使用检测仪检测泄漏快捷、方便、准确。如图 4-3-5 所示为使用冷却液泄漏检测仪查找发动机漏水故障，操作方法如下：

图 4-3-4　发动机漏水痕迹

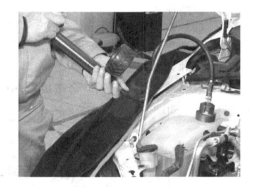

图 4-3-5　冷却系统泄漏检测试验

● 将发动机冷却系统加满水。

● 选择散热器盖相同规格的连接口，安装在散热器口上，连接检测仪器。

● 通过加压装置，向散热系统加注 0.1 MPa 左右的气压。

● 保持压力不动，等待 5 min 以上，观察压力是否下降。同时检查冷却系统各密封部位是否有漏水现象。

c. 检查机油里是否有水。

若发动机气缸垫冲蚀，冷却液将进入气缸和润滑系统，从而导致机油里面有水。通过检查机油尺，观察机油里是否有水，判断发动机气缸垫是否冲蚀。

d. 检查火花塞是否有水珠凝结。

启动发动机，热车以后关闭发动机，等待发动机彻底冷却后，拆卸火花塞，观察火花塞。若气缸垫烧蚀，冷却液漏入气缸，挥发出水蒸气，当发动机冷却后，水蒸气会凝结在火花塞上，通过此操作，判断气缸垫是否冲蚀。

e. 观察散热器加水口。

打开散热器盖，启动发动机，急速踩踏加速踏板。若气缸垫烧蚀，气缸内气压会进入水道，引起散热器口冷却液喷出。通过此现象观察，可以判断气缸垫是否烧蚀。

② 冷却液循环不良。

a. 水泵故障。

水泵是冷却液循环的动力来源，若水泵出现故障，如发生卡滞或运转不灵，会直接影响冷却液的循环。

b. 节温器故障。

节温器控制着冷却液循环的流量，进而控制冷却液的循环。若节温器卡滞无法打开，则冷却液循环受阻，造成冷却液循环不良。

c. 水道堵塞。

冷却液在水道中循环，若水道堵塞，则冷却液不能循环，常见的水道堵塞有散热器堵塞、水管堵塞、发动机循环水道堵塞等。

③ 散热器散热性能不良。

散热器是发动机冷却液与外界交换温度、散发热量的部件，若散热器性能不良，将直接影响冷却系统的散热效果，造成发动机散热不良，水温升高。散热器的常见故障有以下几种：

a. 散热器老化。

b. 散热器内部积垢、堵塞。

c. 散热器翅片倒伏。

d. 散热器通风系统不良。

e. 散热器老化、积垢，会造成散热性能降低，可通过清洗散热器的方式恢复或部分恢复散热功能，如图 4-3-6 所示。

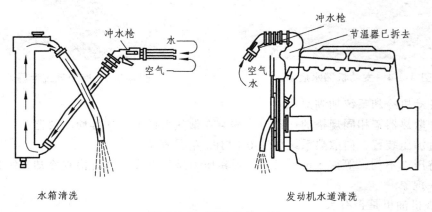

水箱清洗　　　　　发动机水道清洗

图 4-3-6　清洗散热系统

④ 冷却风扇工作不良。

新型汽车多采用电子风扇散热系统，散热风扇电动机通过发动机水温控制，风扇转速可以调节，若风扇不工作或工作不良，散热器将散热不好，从而使发动机温度升高。

电子风扇按控制形式的不同分为温控开关控制、继电器控制、散热模块控制、发动机 ECU 控制等。

大部分丰田车型都采用 ECU 直接控制风扇,其原理是利用网络传输发动机控制信号给风扇控制单元总成(与风扇电机一体),并且风扇电机的转速为无级变速。如图 4-3-7 所示为丰田卡罗拉汽车风扇控制电路。

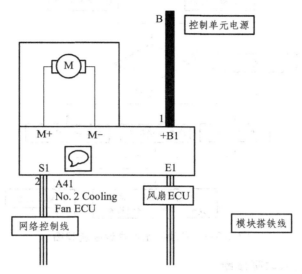

图 4-3-7　丰田卡罗拉汽车风扇控制电路图

根据其电路图和工作原理,ECU 控制风扇不工作的故障诊断流程如图 4-3-8 所示。

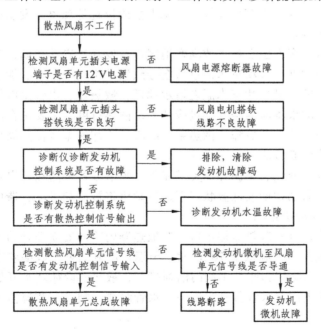

图 4-3-8　风扇不工作诊断流程图

(4)诊断流程图。

发动机水温高诊断流程如图 4-3-9 所示。

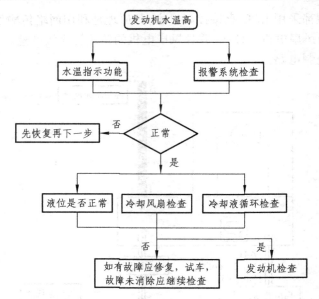

图 4-3-9　发动机水温高诊断流程图

2. 发动机水温过低故障诊断

发动机冷却系统的作用是保证发动机在最适宜的温度范围内工作。当发动机冷却系统发生故障时，发动机会过热或过冷，导致发动机出现功率下降、燃油消耗增加和工作不平稳等不良现象，严重时会出现受力零件损坏、活塞卡缸或拉缸等现象。发动机冷却系统的常见故障包括水温过低、水温过高。

发动机水温过低，多发生在冬季或高寒地区以及发动机启动初期，是指发动机运行中升温慢或发动机工作温度低。发动机水温过低会导致发动机动力不足、加速磨损、油耗增加。

发动机水温过低的常见症状有水温表指示偏低，散热器、水管温度较低等。

发动机水温过低的根本原因是发动机冷却系统散热过度，主要是在冷车启动阶段。水温过低的常见故障原因有节温器故障、散热系统故障、冷却液温度传感器故障等。

（1）节温器故障诊断方法。

节温器是调节冷却液大、小循环的关键元件，当节温器卡滞在开启状态时，冷却液一直以大循环运行，则在启动初期或低温状态下，发动机将被冷却过度，造成发动机温度过低。

① 机械式节温器故障诊断。

发动机冷启动后，打开散热器加水口，若散热器内冷却液立即开始循环，表明节温器失常或未装节温器。因为当水温低于 70 ℃ 时，节温器膨胀筒处于收缩状态，主阀门关闭；当水温高于 80 ℃ 时，膨胀筒膨胀，主阀门渐渐打开，散热器内循环水开始流动。当水温表指示 70 ℃ 以下时，散热器进水管若有水流动，水管温热，则表示节温器主阀门关闭不严，使冷却水过早大循环。

发动机工作初期，水温上升很快；当水温表指示 80 ℃ 后，升温速度减慢，则表明节温器工作正常。反之，若水温一直升高很快，当内压达到一定程度时，沸水突然溢出，则表明主阀门有卡滞，突然打开。

当水温表指示 70 ~ 80 ℃ 时，打开散热器盖和散热器放水开关，用手感水温，若均烫手，说明节温器工作正常；若散热器加水口处水温低，且散热器上水室进水管处无水流出或流水甚微，说明节温器主阀门无法打开。

② 电子节温器故障诊断。

奥迪A4、宝马等新型汽车采用电子节温器，这些车型冷却液的温度调节、冷却液的循环（节温控制）均由发动机负荷决定并由发动机ECU控制，其中冷却液温度调节装置采用电子节温器。电子节温器有故障或发动机ECU异常，都可能产生水温过低故障。

电子节温器（见图4-3-10）内带加热电阻，由发动机ECU根据发动机温度和负荷等条件，给其通电加热，加热元件融化蜡芯，打开节温阀。发动机ECU同时控制打开程度和冷却液的循环量。当发动机ECU检测到错误的水温信号时，就会错误地打开电子节温器，造成发动机水温过低故障。

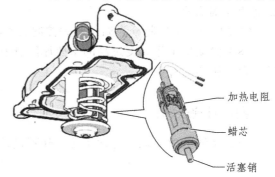

加热电阻

蜡芯

活塞销

图 4-3-10　电子节温器

电子节温器控制系统的常见故障有电子节温器故障、冷却液温度传感器及线路故障、发动机ECU故障。

（2）散热系统故障诊断方法。

散热器的过度冷却也会造成发动机水温过低。散热器过度冷却的主要原因：环境温度过低、散热器百叶窗全开不能关闭、冷却液温度传感器故障、散热器风扇故障。

① 机械风扇故障。

机械风扇的主要故障为风扇耦合器故障。对于安装耦合器风扇的发动机，可在冷态启动发动机后，观察风扇转动情况。若随发动机转速升高，风扇也由慢到快地转动，说明风扇耦合器有故障，应检修或更换。如图4-3-11所示为硅油风扇耦合器结构。

② 电子风扇故障。

电子风扇的工作受发动机冷却液温度控制，若电子风扇在低速、高速运转不受冷却液温度控制，电子风扇一直以高速运转，则在启动阶段或低速运行中，会出现发动机水温过低或水温上升缓慢现象。

图 4-3-11　硅油风扇耦合器结构

电子风扇在低温以高速运转的故障原因有以下几种：

a. 冷却液温度传感器及线路故障。

b. 电子风扇控制单元故障。

c. 发动机控制单元故障。

d. 冷却液温度传感器（或温控开关）故障。

e. 空调压力开关异常故障。

三、学习小结

（1）发动机冷却系统故障分为水温过低故障和水温过高故障。

（2）判断发动机温度是否正常通过仪表水温表或水温指示灯确定。

（3）发动机水温高的主要故障原因有发动机冷却液不足、冷却液循环不良、散热器散热性能不良、散热风扇故障等。

（4）冷却液缺少的主要原因有漏水、缸垫烧蚀、散热器盖失效等。

（5）冷却液循环不良的主要原因是水泵故障或节温器打不开。

（6）散热器散热性能不良的主要原因有散热器老化、散热器堵塞、散热器通风不良、散热器翅片倒伏等。

（7）电子风扇控制分为温控开关控制、继电器控制、散热控制单元控制和 ECU 直接控制。

（8）发动机工作温度过高的主要原因有发动机气缸压力增大、点火时间过晚、混合气过稀、发动机装配过紧等。

四、任务分析

冷却系统的故障除了冷却系统工作不良外，还有可能是其他系统的原因。

五、自我评估

1. 填空题

（1）发动机冷却系统故障分为水温_____故障和水温_____故障。

（2）判断发动机温度是否正常通过_____或_____确定。

（3）发动机水温高的主要故障原因有_____、_____、散热器散热性能不良、_____故障。

（4）散热器盖除了有密封散热器的作用外，还有保持_____的作用。

（5）冷却液不足，首先要确定冷却系统是否有_____现象。

（6）节温器控制着_____的流量，若节温器卡滞无法打开，则_____受阻。

2. 判断题

（1）节温器出现故障只会影响水温高不会影响水温低。（　　）

（2）打开散热器盖，启动发动机，急速踩踏加速踏板，散热器口冷却液喷出，可以判断气缸垫是否烧蚀。（　　）

（3）在炎热的夏季可以不用安装节温器。（　　）

（4）散热器盖的检查需要使用压力测试仪。（　　）

（5）发动机冷启动后，打开散热器加水口，若散热器内冷却液立即开始循环，表明节温器失常或未装节温器。（　　）

3. 选择题

（1）关于节温器的说法不正确的是（　　）。

A. 节温器分机械式和电子式两种

B. 节温器主要控制冷却液的循环

C. 节温器卡滞只会出现水温高现象

D. 节温器可放在水里通过煮的方法进行检测

（2）关于散热器盖的说法不正确的是（　　　）。

A. 散热器盖密封不严会出现"开锅"现象

B. 冷却液偏少有可能是散热器盖密封不严造成的

C. 散热器盖检查需使用压力测试仪

D. 散热器盖需在发动机运转情况下才能打开

（3）关于发动机水温过高的说法不正确的是（　　　）。

A. 出现发动机水温过高必须立即停车关闭发动机

B. 冷却风扇常转不会出现水温过高现象

C. 发动机水温过高可立即对发动机浇水冷却

D. 发动机水温过高首先应检查冷却液

附：案例分析

故障主题	发动机水温低				
品牌/车型	丰田	年款/VIN		2011	
行驶里程	54 922 km	发动机型号	1.8 L	变速器型号	CVT
故障现象描述：一辆 2011 款丰田汽车，客户反映在怠速和车速低于 60 km/h 时，水温正常；高于 60 km/h 时，水温越来越低，直到指针指示在 1/4 格。					
故障原因分析：发动机水温高的故障比较多，水温偏低的故障较少。首先从结构原理上去分析。该车采用普通水冷却系统、模块控制的电子风扇。出现水温低主要有以下几种情况并逐一检查。 （1）风扇长期运转或是长期高速运转。 （2）冷却循环一直处于大循环。 （3）查看有无加装和改装					
故障排除过程：了解其工作原理后，着手进行故障排除。 （1）首先验证客户描述的故障现象。 （2）外观检查无加装改装，无泄漏。 （3）启动发动机冷却风扇没有运转，打开空调后运转，说明风扇基本正常。 （4）检查循环控制，发现节温器卡死在大循环。 （5）更换节温器试车，故障排除					
故障总结：不管遇到任何故障都要从源头查找故障原因，从结构原理上去分析故障点，不能盲目地去更换零件					

学习项目五　润滑系统检修

本学习项目介绍发动机润滑系统的检修，分为 3 个工作任务：工作任务一为润滑系统结构组成认知、工作任务二为润滑系统检修、工作任务三为润滑系统典型故障诊断。通过 3 个工作任务的学习，掌握发动机润滑系统的结构组成与原理以及拆装与检修的技能，能进行发动机润滑系统的检修。

工作任务一　润滑系统结构组成认知

■ 任务情境

一、任务描述

一辆丰田卡罗拉 GL 型轿车，进厂报修时的故障现象：发动机机油压力报警灯点亮。经初步检查怀疑是润滑系统问题，你的主管让你对润滑系统进行拆检，你能完成吗？

二、任务提示

根据故障现象，可能是机油压力低造成的，需要对润滑系统进行拆装和检查。

■ 任务目标

一、知识目标

（1）能描述润滑系统的组成；
（2）能描述润滑系统的拆装步骤；
（3）能描述润滑系统的检修方法及数据。

二、能力目标

（1）能进行润滑系统的拆装；
（2）能进行润滑系统的检修。

必备知识

一、基本知识

1. 发动机润滑系统的作用

发动机内部有许多相互摩擦的运动零件，如曲轴主轴颈与主轴承，凸轮轴颈与凸轮轴承，活塞、活塞环与气缸壁等，这些部件运动速度快，工作环境恶劣。为了防止发动机运动件处于干摩擦状态，摩擦零件表面需要用油膜隔开，以减小零件之间的摩擦和磨损。零件运动时为了克服零件间润滑油（机油）产生的阻力而做功，这种功转变为热，从而使油膜温度升高。这就需要不断地向摩擦表面供应适当温度的适量润滑油，以带走零件所吸收的热量而起冷却作用，保持零件温度不致过高。此外，润滑油还能冲掉摩擦表面上的机械杂质。润滑油附着在零件表面上，使之与水分、空气和燃气隔离，从而减小腐蚀磨损。润滑油路在发动机内部的分布如图 5-1-1 所示。

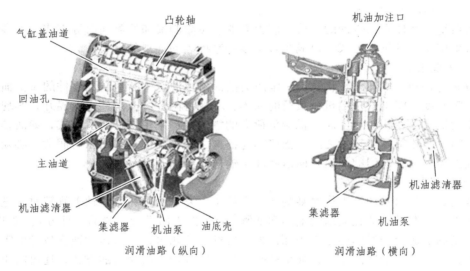

润滑油路（纵向）　　　　　　　　润滑油路（横向）

图 5-1-1　需要润滑的发动机运动件

（1）发动机润滑油的流向。

润滑油作为发动机的"血液"，对发动机具有润滑、冷却、清洗、密封和防锈的作用，定期更换润滑油对发动机有着重要的作用。

润滑油主要储存在油底壳中，当发动机运转后带动机油泵，利用机油泵的压力将润滑油压送至发动机各个部位。润滑后的润滑油会沿着缸壁等途径回到油底壳中，重复循环使用，如图 5-1-2 所示。

反复重复润滑的润滑油中，会带有磨损的金属末或灰尘等杂质，如不清理反而会加速零件间的磨损。所以在润滑油油道上必须安装润滑油滤清器进行过滤。但时间过长，润滑油同样会变脏，因此在车辆行驶一定里程后必须更换润滑油滤清器。

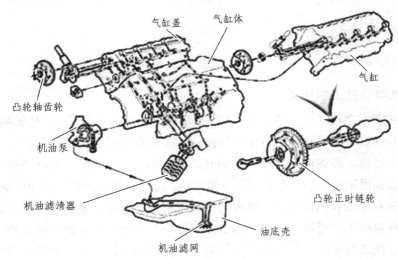

气缸盖   气缸体

气缸

凸轮轴齿轮

机油泵

机油滤清器

凸轮正时链轮

油底壳

机油滤网

图 5-1-2   润滑油油路

（2）发动机的润滑方式。

润滑系统向摩擦表面供油的方式有压力润滑、飞溅润滑和油雾润滑等方式。大多数内燃机都同时采用这 3 种供油方式，以满足各类零件摩擦表面润滑的需要。

① 压力润滑。

压力润滑是利用机油泵，将具有一定压力的润滑油源源不断地送到零件的摩擦面间，形成具有一定厚度并能承受一定机械负荷的油膜，尽量将两个摩擦零件完全隔开，实现可靠的润滑。发动机上一些相对速度高、机械负荷大的零件，都采用这种润滑方式，如曲轴各轴颈与轴承之间、凸轮轴颈与轴承之间、摇臂轴与摇臂之间等部位。采用压力润滑，必须在气缸体或者气缸盖上设有专门的油道来向这些部位输送润滑油。

② 飞溅润滑。

飞溅润滑是利用发动机工作时某些运动零件（主要是曲轴和凸轮轴）旋转时，飞溅起的或从连杆小头上专设的油孔喷出的油滴和油雾，对摩擦表面进行润滑的一种方式，如图 5-1-3 所示。飞溅润滑适合于暴露的零件表面，如气缸壁、凸轮等；相对运动速度较低的零件，如活塞销等；机械负荷较轻的零件，如挺柱等。气缸壁采用飞溅润滑的方式，还可防止由于润滑油压力过高、油量过大而窜入燃烧室，导致发动机工作条件的恶化。

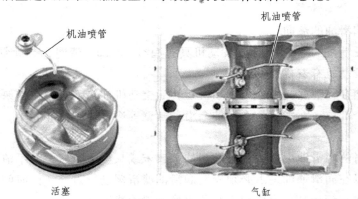

机油喷管

机油喷管

活塞

气缸

图 5-1-3   飞溅润滑

③ 油雾润滑。

气门调整螺钉球头、气门杆顶端等处，利用油雾黏附于零件的摩擦表面周围，而后再渗入摩擦部位进行润滑，如图 5-1-4 所示。

图 5-1-4 气门杆顶端的油雾润滑

2. 润滑系统的组成

润滑系统由油底壳、机油泵、限压阀及旁通阀、机油滤清器以及机油散热器等组成，如图 5-1-5 所示。

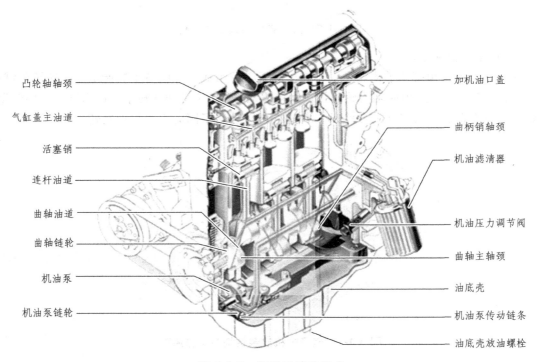

凸轮轴轴颈
气缸盖主油道
活塞销
连杆油道
曲轴油道
曲轴链轮
机油泵
机油泵链轮

加机油口盖
曲柄销轴颈
机油滤清器
机油压力调节阀
曲轴主轴颈
油底壳
机油泵传动链条
油底壳放油螺栓

图 5-1-5 润滑系统的组成

（1）机油泵。

机油泵主要用于提高润滑油压力，保证润滑油在润滑系统内不断循环。目前，发动机润滑系统中广泛采用的是外啮合齿轮式机油泵和内啮合转子式机油泵两种。

① 齿轮式机油泵。

齿轮式机油泵由主动轴、主动齿轮、从动轴、从动齿轮和壳体等组成，两个齿数相同的齿轮相互啮合，装在壳体内，齿轮与壳体的径向和端面间隙很小。主动轴与主动齿轮键连接，从动齿轮空套在从动轴上。

齿轮式机油泵工作时，主动齿轮带动从动齿轮反向旋转。两齿轮旋转时，充满在齿轮齿槽间的润滑油沿油泵壳壁由进油腔带到出油腔，在进油腔一侧由于齿轮脱开啮合以及润滑油被不断带出而产生真空，使油底壳内的润滑油在大气压力作用下经集滤器进入进油腔，而在出油腔一侧由于齿轮进入啮合和润滑油被不断带入而产生挤压作用，润滑油以一定压力被泵出，如图 5-1-6 所示。

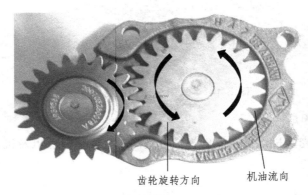

齿轮旋转方向　　　机油流向

图 5-1-6　齿轮式机油泵工作原理

② 转子式机油泵。

转子式机油泵由壳体、内转子、外转子和泵盖等组成，如图 5-1-7 所示。内转子用键或销子固定在转子轴上，由曲轴齿轮直接或间接驱动，内转子带动外转子一起沿同一方向转动。内转子有 4 个凸齿，外转子有 5 个凹齿，这样内、外转子同向不同步地旋转。

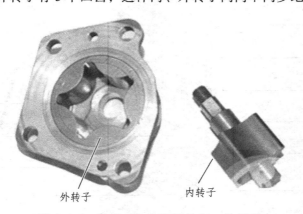

外转子　　　　　　内转子

图 5-1-7　转子式机油泵结构与工作原理

　　转子齿形齿廓设计得使转子转到任何角度时，内、外转子每个齿的齿形齿廓线上总能互相成点接触。这样内、外转子间形成 4 个工作腔，随着转子的转动，这 4 个工作腔的容积是不断变化的。在进油道的一侧空腔，由于转子脱开啮合，容积逐渐增大，产生真空，润滑油被吸入，转子继续旋转，润滑油被带到出油道的一侧。这时，转子正好进入啮合，使这一空腔容积减小，油压升高，润滑油从齿间挤出并经出油道压送出去。这样，随着转子的不断旋转，润滑油就不断地被吸入和压出。

　　（2）滤清器。

　　为了保证滤清效果，一般使用多级滤清器，即集滤器、粗滤器和细滤器。与主油道串联的滤清器一般为粗滤器；与主油道并联的滤清器一般为细滤器，过油量为 10%～30%。

　　① 集滤器。

　　集滤器是装在机油泵之前的吸油口端，多采用滤网式，其作用是防止较大的机械杂质进入机油泵，如图 5-1-8 所示。

图 5-1-8　润滑油集滤器

　　当润滑油泵工作时，润滑油从罩板与浮子之间的狭缝被吸入，经过滤网滤去粗大的杂质后，通过油管进入机油泵。当滤网被淤塞时，滤网上方的真空度增大，克服滤网的弹力，滤网便上升而环口离开罩板。此时，润滑油不经滤网而直接从环口进入吸油管内，以保证润滑油的供给不中断。

　　② 粗滤器。

　　粗滤器属于全流式滤清器，串联安装于机油泵出油孔与主油道之间，可滤掉润滑油中粒度较大（直径为 0.05～0.1 mm 以上）的杂质。粗滤器和细滤器都安装于气缸体外面，以方便维护。

　　粗滤器主要由外壳、端盖和滤芯等组成，如图 5-1-9 所示。滤芯采用新型酚醛树脂材料为黏结剂的锯末滤芯或纸质滤芯，芯筒由薄铁皮制成，上面加工出许多小孔。滤芯安装于外壳滤芯底座和端盖下端面之间，并用弹簧压紧。密封圈用来防止外壳内的润滑油不经过滤直接进入芯筒内。端盖与外壳之间用密封圈固定，端盖通过螺栓固定于气缸体，并和气缸体上相应的油孔对齐。

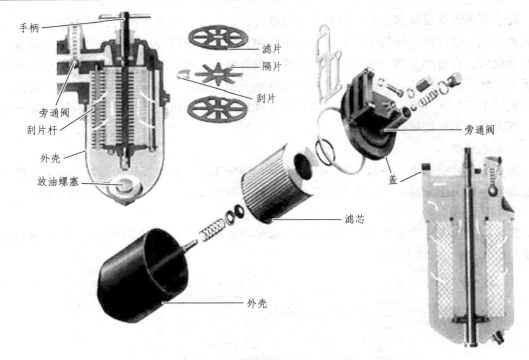

手柄
滤片
隔片
刮片
旁通阀
刮片杆
外壳
放油螺塞
旁通阀
盖
滤芯
外壳

图 5-1-9　润滑油粗滤器工作原理

目前，越来越多的发动机为维护方便，采用旋装式滤芯结构。其滤芯为纸质折叠式结构，封闭式外壳，定期更换，直接旋装于滤清器盖上。有的旋装式滤芯内部分为两部分：一部分为全流式滤芯，起到粗滤的作用；另一部分为旁通式滤芯，起到细滤的作用。还有的润滑油滤清器只需更换纸质滤芯，因而经济性较好，如图 5-1-10 所示。

③　细滤器。

细滤器属于分流式滤清器，过滤能力强，但流动阻力大，与主油道并联安装。细滤器按过滤方式分为过滤式和离心式两种结构。过滤式细滤器与粗滤器结构基本相同，只是滤芯能过滤掉更细小的颗粒杂质。

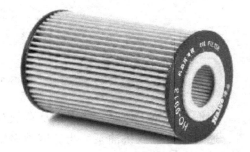

图 5-1-10　旋装式滤芯

（3）机油散热器与机油冷却器。

机油散热器和机油冷却器是一些大功率柴油机设置的专用的润滑油散热装置。

机油散热器与冷却水散热器结构基本相同，但采用横流式结构，布置在冷却水散热器前面，如图 5-1-11 所示。机油散热器油路与主油道并联，利用风扇风力使润滑油冷却。

机油冷却器是利用发动机冷却液对润滑油进行冷却。冷却器油路与主油道串联。机油冷却器的构造如图 5-1-12 所示，主要由芯子和壳体组成。芯子由铜制的圆形或椭圆形管与散热片组成，与两端的进、出水腔相通。冷却液在芯子管内流动，润滑油在管外流动。冷却器上装有旁通阀，当润滑油温度过低、黏度过大时，旁通阀打开，润滑油不经冷却直接进入主油道内。

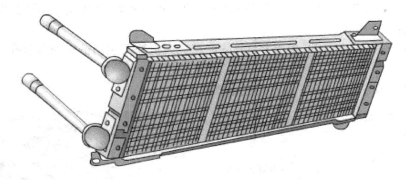

图 5-1-11　管式机油散热器

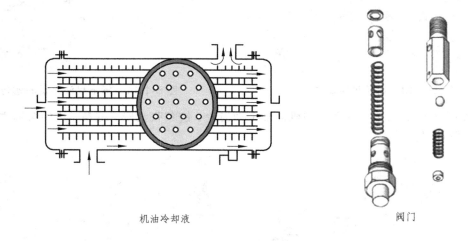

机油冷却液　　　　　　　　　　阀门

图 5-1-12　机油冷却器

二、基本技能

下面以丰田卡罗拉发动机总成（已拆卸附件）为例，介绍润滑系统的拆装步骤。

（1）准备工作。

① 防护装备：工作服、工作帽、手套、劳保鞋。

② 车辆、台架、总成：卡罗拉 1ZR-FE 发动机总成台架、同类发动机总成台架。

③ 车间设备：油盆。

④ 专用工具：油封安装工具 SST 09223-22010，曲轴皮带轮固定工具 SST 09213-58013、09330-00021。

⑤ 手工工具：拆装工具一套。

⑥ 辅助材料：丰田原厂黑密封胶、Three Bond 1207B 或同等产品，抹布等。

（2）润滑系统的拆卸。

提示：

a. 事先排放发动机润滑油。

b. 参照气门传动组的步骤，事先拆卸正时链条盖、正时链条、正时链条张紧器和正时齿轮等。

① 拆卸机油泵链条。

a. 如图 5-1-13 所示，用一根直径 3 mm 的杆插入机油泵主动链轮的调节孔，以便将齿轮锁定定位。

b. 如图 5-1-14 所示，拆下机油泵链轮螺母。

图 5-1-13　齿轮锁定定位　　　　　　　　　图 5-1-14　拆下机油泵链轮螺母

c. 如图 5-1-15 所示，分别拆卸机油泵主动齿轮、链条张紧器、链条、机油泵轴主动齿轮和曲轴位置信号盘等部件。

图 5-1-15　拆卸机油泵主动齿轮等

② 拆卸油底壳，如图 5-1-16 所示。

图 5-1-16　拆卸油底壳

a. 拆卸 10 个螺栓和 2 个螺帽。

b. 将油底壳密封刮刀的刀刃片插入曲轴箱和油底壳之间，切断密封胶并拆下油底壳。

注意：不要损坏曲轴箱、链条盖和油底壳的接触面。

③ 拆卸机油泵总成。

如图 5-1-17 所示，拆卸 3 个机油泵螺栓和机油泵。

（3）润滑系统的安装。

① 机油泵安装。

如图 5-1-18 所示，用 3 个螺栓安装机油泵，力矩为 21 N·m。

图 5-1-17　拆卸机油泵

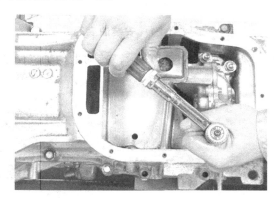
图 5-1-18　安装机油泵

② 安装油底壳。

a. 如图 5-1-19 所示，清除所用旧填料，注意不要将油滴到气缸体和油底壳的接触面上。

b. 如图 5-1-20 所示，涂抹一条连续的密封胶（直径为 4.0 mm）。

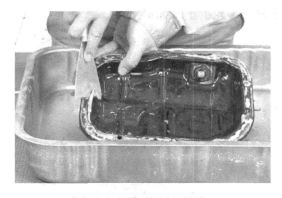
图 5-1-19　清除密封胶

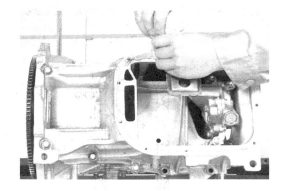
图 5-1-20　涂抹密封胶

注意：清除接触面上的所有机油，涂抹密封胶后 3 min 内安装油底壳。安装油底壳后至少 2 h 内不要启动发动机。

c. 如图 5-1-21 所示，用 10 个螺栓和 2 个螺帽安装油底壳，力矩为 10 N·m。

③ 安装油泵驱动链条。

a. 如图 5-1-22 所示，设置曲轴键，对准曲轴位置传感器齿圈键槽。

图 5-1-21　安装油底壳

图 5-1-22　对准曲轴传感器齿圈位置

b. 如图 5-1-23 所示，转动主动轴以便切口朝向右水平位置。

图 5-1-23　曲轴主动轴切口朝右

c. 如图 5-1-24 所示，使用黄色链条标记对准每个齿轮的正时标记。

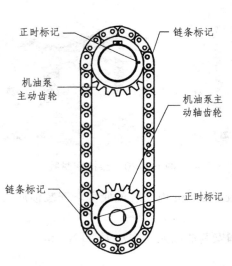

图 5-1-24　对准链条正时标记

d. 用齿轮上的链条将齿轮安装到曲轴和机油泵轴上。

e. 暂时用螺母紧固机油泵主动轴齿轮。

f. 将减振弹簧插入到调节孔，然后用螺栓安装链条张紧器盖板，力矩为 10 N·m，如图 5-1-25 所示。

图 5-1-25　安装减振弹簧和螺母

g. 如图 5-1-26 所示，将机油泵主动轴链轮的调节孔对准机油泵凹槽。

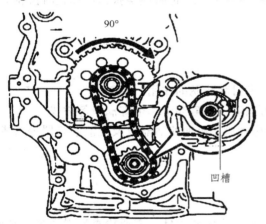

图 5-1-26　机油泵主动轴链轮的调节孔对准机油泵凹槽

h. 将一个直径为 4 mm 的杆插入机油泵主动齿轮的调节孔，以便将齿轮锁定就位，然后紧固螺母，力矩为 28 N·m，如图 5-1-27 所示。

图 5-1-27　齿轮锁定就位

④ 安装曲轴正时链轮，如图 5-1-28 所示。

图 5-1-28　安装曲轴正时链轮

⑤ 安装其他事先拆卸的部件。

根据实际情况，安装其他事先拆卸的部件。

提示：

a. 参照气门传动组的步骤，安装正时链条盖、正时链条、正时链条张紧器和正时齿轮等。

b. 加注发动机润滑油。

三、学习小结

（1）发动机润滑油具有润滑、冷却、清洗、密封和防锈的作用。

（2）润滑系统向摩擦表面供油的方式有压力润滑、飞溅润滑和油雾润滑等方式。

（3）润滑系统由油底壳、机油泵、限压阀及旁通阀、机油滤清器以及机油散热器等组成。

（4）润滑系统的拆装步骤。

四、任务分析

发动机机油压力报警灯点亮，故障原因最可能是机油压力低，需要检查润滑系统，必要时进行拆检。

五、自我评估

1. 填空题

（1）润滑油主要存储在_____中。

（2）发动机润滑油具有_____、_____、清洗、_____和防锈等作用。

（3）发动机的润滑方式有_____、_____和_____。大多数内燃机都同时采用这 3 种供油方式，以满足各类零件摩擦表面润滑的需要。

（4）压力润滑是利用_____，将具有一定压力的润滑油源源不断地送到零件的摩擦面间。

（5）发动机上一些相对速度高、机械负荷大的零件，都采用_____润滑方式。

（6）飞溅润滑适合于_____零件表面。

（7）润滑系一般由_____、_____、_____及旁通阀、润滑油滤清器以及机油散热器等组成。

（8）齿轮式机油泵由_____、_____、从动轴、_____和壳体等组成。

2．判断题

（1）曲轴轴颈的润滑属于压力润滑。（　　　）

（2）活塞的润滑属于飞溅润滑。（　　　）

（3）机油压力检查是拆下机油滤清器，接上压力表进行检查。（　　　）

（4）机油压力测量应该在怠速的情况下进行。（　　　）

（5）机油主油道压力一般在 200 kPa。（　　　）

（6）15 W/40 黏度等级油最低使用环境温度为 − 20 ℃。（　　　）

（7）为了保证滤清效果，一般使用多级滤清器：集滤器、粗滤器和细滤器。（　　　）

（8）与主油道串联的滤清器一般为粗滤器。（　　　）

（9）与主油道并联的滤清器一般为细滤器。（　　　）

（10）集滤器是装在机油泵之后的吸油口端，多采用滤网式，其作用是防止较大的机械杂质进入机油泵。（　　　）

（11）机油泵都可以在拆开油底壳后拆下来。（　　　）

3．选择题

（1）下列说法正确的是（　　　）。

A．机油加注越多润滑效果越好

B．机油泵一般装在发动机后部

C．机油泵一般采取修复而不是更换的方式进行维修

D．集滤器装在发动机下部，油底壳内

（2）关于机油泵的说法正确的是（　　　）。

A．机油泵为系统提供压力

B．机油泵上的机油滤清器是一次性的，大修发动机时必须更换

C．机油泵是靠外围传动皮带驱动的

D．机油泵堵塞，可以从旁通阀进油

（3）发动机曲轴的主轴颈通常采用的润滑方式是〔　　　〕。

A．压力润滑　　　　B．飞溅润滑　　　　C．油雾润滑　　　　D．飞溅+油雾润滑

（4）发动机凸轮轴的轴颈通常采用的润滑方式是〔　　　〕。

A．压力润滑　　　　B．飞溅润滑　　　　C．油雾润滑　　　　D．飞溅+油雾润滑

（5）下列说法正确的是（　　　）

A．甲说：机油散热器通常被一些大功率柴油机所采用

B．乙说：机油散热器一般安装在发动机冷却液散热器的前面

C．甲乙说法都对

D．甲乙说法都不对

（6）发动机润滑油对发动机具有（　　　）作用。

    A. 润滑　　　B. 冷却　　　C. 润滑与冷却　　　D. 润滑、冷却、清洗、密封和防锈

（7）发动机的气缸壁通常采用的润滑方式是（　　　）。

    A. 压力润滑　　　B. 飞溅润滑　　　C. 油雾润滑　　　D. 压力+油雾润滑

（8）下列说法正确的是（　　　）。

    A. 甲说：目前发动机润滑系中经常采用外啮合齿轮式机油泵

    B. 乙说：目前发动机润滑系中经常采用内啮合转子式机油泵

    C. 甲乙说法都对

    D. 甲乙说法都不对

工作任务二　润滑系统检修

■任务情境

一、任务描述

一辆丰田卡罗拉 GL 型轿车，进厂报修时的故障现象：发动机机油压力报警灯点亮。经初步检查怀疑是润滑系统问题，你的主管让你对润滑系统进行拆检，你能完成吗？

二、任务提示

根据故障现象，需要对润滑系统进行拆装和检查。

■任务目标

一、知识目标

（1）能描述机油泵分解组装和检查的步骤；

（2）能描述润滑系统的检修方法及数据。

二、能力目标

（1）能进行机油泵的分解、组装和检查；

（2）能进行机油压力测试。

■必备知识

一、基本知识

润滑系统的检修包括机油泵的分解组装与检查以及机油压力的检测等。

二、基本技能

1．机油泵的分解组装与检查

以丰田卡罗拉 1ZR-FE 发动机为例，介绍机油泵的检修方法。

（1）准备工作。

① 防护装备：工作服、工作帽、手套、劳保鞋。

② 车辆、台架、总成：1ZR-FE 机油泵总成或其他车型机油泵总成。

③ 车间设备：油盆。

④ 测量工具：测隙规（塞尺）、精密直尺（或刀口尺）。

⑤ 手工工具：拆装工具一套。

⑥ 辅助材料：丰田原厂黑密封胶、Three Bond 1207B 或同等产品，抹布等。

（2）机油泵的分解。

① 使用 27 mm 的套筒扳手拆下螺塞、减压阀阀门和弹簧，如图 5-2-1 所示。

图 5-2-1　拆下螺塞、减压阀阀门和弹簧

② 拆下 5 个螺栓和机油泵盖，取出机油泵主动转子和从动转子。如图 5-2-2 所示。

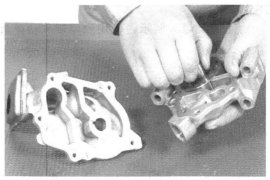

图 5-2-2　取出机油泵主动转子和从动转子

③ 按顺序整齐摆放拆卸的零件，如图 5-2-3 所示。

图 5-2-3　机油泵零件的摆放

（3）机油泵的检测。

① 检查机油泵减压阀。

如图 5-2-4 所示，在机油泵减压阀上涂抹一层发动机机油，检查并确认该阀能依靠自身质量顺畅滑入阀中。如果情况不一样，则更换机油泵。

图 5-2-4　检查机油泵减压阀

② 检查机油泵转子。

a. 如图 5-2-5 所示，使用测隙规测量主动转子和从动转子的顶部间隙。

标准顶部间隙为 0.08 ~ 0.16 mm，最大顶部间隙为 0.35 mm，如果顶部间隙大于最大值，则更换机油泵。

b. 如图 5-2-6 所示，使用测隙规和精密直尺测量 2 个转子和精密直尺（或刀口尺）间的间隙。

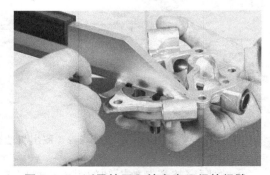

图 5-2-5　测量转子顶部间隙　　　　　图 5-2-6　测量转子和精密直尺间的间隙

标准间隙为 0.03 ～ 0.08 mm，最大间隙为 0.16 mm，如果最大间隙大于最大值，则更换机油泵。

c. 如图 5-2-7 所示，使用测隙规测量从动转子和机油泵体间的间隙。

图 5-2-7　测量从动转子和机油泵体间的间隙

标准泵体间隙为 0.12 ～ 0.19 mm，最大泵体间隙为 0.325 mm。如果泵体间隙大于最大值，则更换机油泵。

（4）机油泵的组装。

① 在机油泵主、从动转子上涂抹发动机机油，并将标记朝向机油泵盖侧放入机油泵，如图 5-2-8、图 5-2-9 所示。

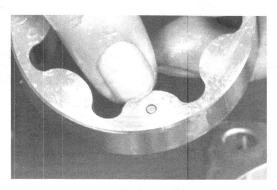

图 5-2-8　安装转子（一）

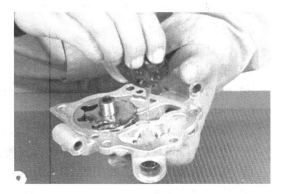

图 5-2-9　安装转子（二）

② 用 5 个螺栓安装机油泵盖，力矩为 8.8 N·m，如图 5-2-10 所示。

③ 在减压阀上涂抹发动机机油，将减压阀和弹簧放入泵体中，使用 27 mm 套筒扳手安装螺塞，力矩为 49 N·m，如图 5-2-11、图 5-2-12 所示。

图 5-2-10　安装机油泵盖

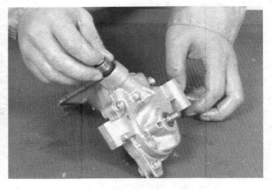

图 5-2-11　安装减压阀（一）

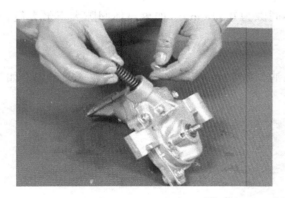

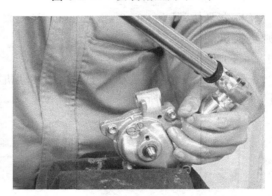

图 5-2-12　安装减压阀（二）

2．机油压力检测

以丰田卡罗拉 1ZR-FE 发动机为例，介绍机油压力的检测方法。

（1）准备工作。

① 防护装备：工作服、工作帽、手套、劳保鞋。

② 车辆、台架、总成：卡罗拉整车。

③ 车间设备：油盆。

④ 测量工具：机油压力表。

⑤ 手工工具：拆装工具一套。

⑥ 辅助材料：翼子板布和前格栅布、三件套、抹布等。

（2）机油压力检测步骤。

① 断开机油压力开关连接器，如图 5-2-13 所示。

② 使用 24 mm 扳手，拆下机油压力开关，如图 5-2-14 所示。

③ 安装机油压力表，如图 5-2-15 所示。

④ 使发动机暖机。

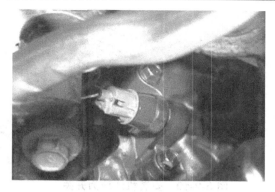

图 5-2-13　机油压力开关

图 5-2-14　拆卸机油压力开关

图 5-2-15　安装机油压力表

⑤ 检查机油压力。如果机油压力不符合规定（压力标准值：怠速为 25 kPa、3 000 r/min 时为 150～550 kPa），则检查机油泵，如图 5-2-16 所示。

⑥ 拆卸机油压力表。

如图 5-2-17 所示，拆卸机油压力表。

图 5-2-16　读取机油压力数值

图 5-2-17　拆卸压力表

⑦ 安装机油压力开关，如图 5-2-18、图 5-2-19 所示。

a. 在机油压力开关的第 2 或 3 个螺纹上涂抹黏合剂。

b. 使用 24 mm 长套筒扳手，安装机油压力开关，力矩为 15 N·m。

图 5-2-18　涂抹黏合剂

图 5-2-19　安装机油压力开关

注意：安装后至少 1 h 内不要启动发动机。

c. 连接机油压力开关线束连接器。

d. 检查发动机机油是否泄漏。

三、学习小结

（1）机油泵分解、组装和检查的步骤。

（2）机油压力检测的步骤。

四、任务评估

机油泵磨损，会造成机油压力过低。如果拆检后发现机油泵磨损，更换新件后应测试机油压力，确认机油压力正常。

五、自我评估

1. 填空题

（1）分解机油泵时，首先使用 27 mm 的套筒扳手拆下_____、_____和 _____。

（2）拆下机油泵盖后，取出机油泵_____和_____。

2. 判断题

（1）测量机油泵主动转子和从动转子的顶部间隙的工具是间隙规。（　　　）

（2）检查机油压力时必须冷车测量。（　　　）

工作任务三　润滑系统典型故障诊断

任务情境

一、任务描述

一辆卡罗拉轿车,进厂报修发动机机油警示灯点亮,你的主管将这个任务分配给你,你能完成吗?

二、任务提示

发动机润滑系统出现机油量少、机油泵工作不正常、油道堵塞等均会造成机油压力过低，在汽车组合仪表上，都设有机油压力指示系统（机油警示灯），当润滑系统出现异常时点亮机油警示灯。发动机润滑系统异常，首先要判断是否为机油压力过低。

▰任务目标

一、知识目标

（1）能描述发动机润滑系统的常见故障；
（2）能描述发动机润滑系统常见故障的诊断思路；
（3）能描述诊断和检测发动机润滑系统故障的方法。

二、能力目标

（1）会使用机油压力表检测发动机机油压力；
（2）会根据润滑油的品质和压力判断润滑系统故障；
（3）会根据电路图分析机油警告灯电路故障。

▰必备知识

一、基本知识

润滑系统的作用是在发动机工作时连续不断地把数量足够、温度适当的洁净机油输送到全部传动件的摩擦表面，并在摩擦表面之间形成油膜，实现液体摩擦，从而减小摩擦阻力、降低功率消耗、减轻机件磨损，以达到提高发动机工作可靠性和耐久性的目的。因此，在发动机运行中，如遇润滑系统出现故障，应立即停车检查，诊断并排除故障，以免造成发动机的严重损坏。

润滑系统产生故障的原因主要是发动机润滑油路循环的途径发生异常，因此诊断润滑系统故障必须熟悉发动机润滑系统的结构和功能。发动机润滑系统常见的故障有发动机漏机油、机油压力过低、机油压力过高、机油变质、机油消耗异常等。

二、基本技能

1. 发动机机油压力过低故障诊断

机油压力过低会加速曲轴、凸轮轴磨损，甚至因为润滑不良而使发动机烧瓦抱轴，严重的会造成发动机报废。机油压力过低将点亮机油报警灯。

（1）故障现象。
① 仪表上机油报警灯点亮。
② 发动机动力下降，燃油消耗增加。
③ 发动机异响。
④ 怠速或低负荷正常，中高负荷发动机机油灯点亮。
⑤ 发动机底部有机油泄漏痕迹。

（2）故障原因。

① 机油量不足。

② 机油黏度降低。

③ 机油泵性能不良。

④ 机油滤清器堵塞。

⑤ 限压阀调整不当。

⑥ 泄漏量大。

⑦ 机油警告灯电路故障。

（3）诊断方法。

① 检查发动机外观，查看有无机油泄漏。

② 检查机油量，确保机油液位在标准位置。

③ 确认机油报警灯在什么情况下点亮。

④ 启动发动机暖机，打开机油加注口盖，观察气门室是否有机油飞溅，并且凸轮轴组件上是否有机油润滑。

⑤ 确认机油选用等级正确。

⑥ 使用机油压力表测量发动机机油压力。

⑦ 检查机油警告灯电路。

⑧ 拆卸发动机进一步诊断，查看油路有无堵塞、泄漏。

（4）诊断流程图。

机油警告灯亮诊断流程如图 5-3-1 所示。

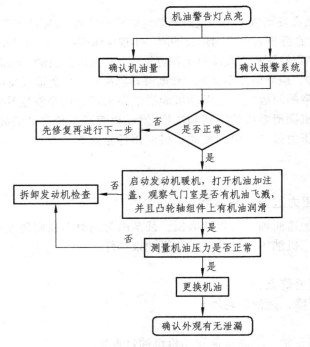

图 5-3-1　机油警告灯亮诊断流程

2. 机油压力过高故障诊断

润滑系统内的机油压力过高，主要是机油在系统内流动阻力过大引起的。

（1）故障现象。

① 在怠速或高于怠速时，机油压力表读数超标。

② 机油压力高可能导致机油泄漏（油封处）。

（2）故障原因。

① 机油黏度过大。

机油黏度的大小表明了机油流动时的内摩擦阻力大小。机油黏度的大小与发动机温度有关，发动机温度低时，机油黏度大；反之，发动机温度高时，机油黏度小。机油黏度大时，流动性差，但密封性好，泄漏量少。如果机油黏度超过规定值，机油在润滑系统内流动阻力会增大，同时压力升高。因此，当发动机温度低或机油本身黏度大（因对机油牌号选用不当，即机油牌号不适合环境温度，如冬季选用了夏季黏度大的机油）时，机油压力会升高。

② 润滑部位配合间隙过小。

润滑部位的凸轮轴轴颈、连杆轴颈、曲轴轴颈、摇臂轴等如果配合间隙过小，会使润滑系统油路的流动阻力增大，造成机油压力升高。

③ 机油滤清器堵塞。

滤清器的滤芯过脏会使机油回路堵塞，造成机油压力过高。

④ 限压阀调整不当。

限压阀调整的弹簧弹力过大，会导致润滑系统的机油压力过高。

（3）诊断方法。

① 观察机油压力表是否在标准值。

② 使用机油压力表测试机油压力。

③ 根据结构拆检润滑系统。

3. 机油变质故障诊断

发动机运行过程中，受各种因素的影响，特别是异常的磨损、缸体穿孔、冲缸体等，会造成机油的氧化和变质。机油变质破坏了油膜的特性，使润滑性变差甚至润滑功能丧失，造成轴瓦异响、活塞油环卡死、尾气冒蓝烟、烧机油、油耗增加、缩短发动机使用寿命等后果，最终导致发动机提前大修。因此，在定期检查机油存量的同时，应该检查机油是否变质。

（1）故障现象。

机油是否变质的准确判断方法要通过专门的仪器来测定，但明显的变质也可以通过检查和观察确定，如变色和有气泡、黏度降低、有杂质、有异味等。

（2）故障原因。

① 机油中渗进了水分。

由于气缸穿孔漏水、气缸垫损坏或其他原因导致气缸体或曲轴箱进水，当含水量超过

0.1% 时，机油添加的抗氧化剂、清净分散剂等就会失效，因而加速了机油的氧化过程。机油中含较多水时，机油润滑性变差，黏度下降。含水的机油呈雾状，油色浑浊，乳化，呈泡沫状。

② 活塞环漏气。

由于活塞环或气缸磨损，一部分可燃混合气和废气经活塞周围间隙窜到曲轴箱内，窜到曲轴箱内的废气内含有水蒸气和二氧化碳，水蒸气凝结后在机油中形成泡沫，二氧化碳溶于水中形成酸。这些酸性物质带进润滑系统内，使机油变质。

③ 曲轴箱通风装置失效。

如果曲轴箱通气性差，机油散热不良，同时一些燃烧气体窜入曲轴箱内，曲轴箱内的气压将会升高。若压力高于外界大气压力，则会给活塞运行带来一定阻力，导致机油由油底壳与气缸体接合处向外渗漏。另外，泄漏到曲轴箱内的气体中含有二氧化硫，会促使机油很快变质。

④ 润滑油品质差。

不同型号的发动机，使用的润滑油品质不同，润滑油品质太差，在发动机的高温下会变稀，黏度变差，润滑性能变差。

⑤ 滤芯过脏。

如果空气滤芯太脏，进气杂质比较多，燃烧产生过多的积炭和杂质，就会造成机油变质。

⑥ 燃油进入润滑系统。

由于泄漏，燃油混入发动机润滑系统油道，特别是汽油混入机油，就会引起机油变质。

⑦ 发动机燃烧混合气过浓。

由于发动机混合气过浓，燃烧产生积炭，就会导致润滑油过早变质。

⑧ 发动机温度过高。

由于发动机温度高，机油在高温下变稀，就会导致油质变差。

⑨ 机油使用时间过长。

不按规定保养时间更换机油，机油使用时间过长，机油品质会越变越差。

（3）诊断方法。

① 观察机油的颜色。

优质的机油呈半透明的黄棕色或浅蓝色，当机油中有水时呈褐色，发动机运转一段时间后，会呈乳白色，并伴有泡沫。机油呈黑色通常是油泥和铁屑过多，或机油中炭粒过多。抽出机油标尺对着光亮处观察刻度线是否清晰，当透过油尺上的机油看不清刻线时，则说明机油过脏，需要更换机油。

② 观察油流。

将装有机油的量杯慢慢倒向另一空杯，观察其流动情况，质量好的机油的油流应该是细长、均匀、连绵不断，变质的机油会呈油滴状态。

③ 指捻法。

将机油倒在拇指与食指之间捻磨，手感应该有润滑性、无磨屑、无摩擦。如果感到手指之间有砂粒之类较大的摩擦感，则表明机油内有铁屑、油泥和杂质。

④ 光照法。

在有太阳的日子，用机油检查棒撩起机油，对照阳光观察油滴情况。在光照下如果看到机油中无磨屑，说明可继续使用；如果磨屑过多，说明机油已经变质不能继续使用。

⑤ 嗅觉法。

凡是对嗅觉刺激大且有异味的机油均为变质或劣质机油，好的机油应无特别的气味，只略带芳香。

⑥ 滤纸法。

用机油尺蘸取机油滴在白色滤试纸上，待机油渗漏后，若表面有黑色粉末，用手触摸有阻塞感，则说明机油里面杂质已很多。好的机油无粉末，用手摸上去干而光滑，且呈黄色痕迹。

4. 机油消耗异常故障诊断

发动机机油消耗异常指机油消耗过多。正常发动机机油消耗量有限。机油消耗量超过规定值，则说明机油消耗过多。

（1）故障现象。

① 发动机排放超标。

② 机油消耗超过标准值。

③ 发动机积炭严重。

④ 排气管冒蓝烟。

（2）故障原因。

① 机油泄漏。

发动机各密封面和油封损坏，造成润滑油渗漏，会引起机油量减少。

② 烧机油。

活塞或气门间隙过大、涡轮增压器泄漏等，会导致发动机烧机油，将大大损耗机油。

③ 发动机温度过高。

发动机温度高，引起机油的温度过高与压力过高，机油黏度变低，使窜入燃烧室的机油增加，增加了机油的消耗量。

④ 机油过多。

发动机油底壳机油添加过多，使曲轴运转时飞溅到气缸壁的机油过多，润滑油被吸入气缸燃烧，引起机油消耗。

⑤ 发动机工作不正常。

汽车严重超载、发动机长时间大负荷工作等，也会造成机油消耗量过大。

（3）诊断方法。

① 验证机油消耗是否超过标准：确定机油加注量并做好标记，根据第二次机油添加量和行驶里程计算 100 km 机油消耗量。

② 检查曲轴箱通风系统。

③ 检查发动机有无泄漏。
④ 确认机油的选用符合技术要求。

三、学习小结

（1）发动机机油压力过低的现象、原因、诊断。
（2）发动机机油压力过高的现象、原因、诊断。
（3）发动机机油变质的现象、原因、诊断。
（4）发动机机油异常消耗的现象、原因、诊断。

四、任务描述

润滑系统故障的原因很多，诊断时可以根据流程图进行诊断。

五、自我评估

1. 填空题

（1）在发动机运行中，如遇润滑系统出现故障，应立即_____检查。
（2）润滑系统产生故障的原因主要是发动机润滑油路_____发生异常。
（3）发动机润滑系统常见的故障有_____、_____、_____、机油变质、_____等。
（4）机油压力过低时，_____将点亮。

2. 判断题

（1）机油压力过低一定会点亮机油报警灯。（　　　）
（2）只要机油报警灯没有点亮，有关润滑的故障都可以不用理会。（　　　）
（3）机油压力过低发动机有可能会异响。（　　　）
（4）机油如是乳白色则说明机油变质，应马上进行检查或更换。（　　　）
（5）限压阀调整的弹簧弹力过大，会导致润滑系统的机油压力过高。（　　　）

3. 选择题

（1）关于导致机油压力过低的原因，下列说法不正确的是（　　　）。

    A. 机油量不足

    B. 机油黏度较大

    C. 机油泵性能不良

    D. 机油滤清器堵塞

（2）关于机油消耗过大的说法不正确的是（　　　）。

    A. 对发动机排放没有影响

    B. 冷车不宜启动发动机

    C. 发动机积炭严重

    D. 排气管冒蓝烟

附：案例分析

案例一

故障主题	发动机异响			
品牌/车型	丰田	年款/VIN	2005	
行驶里程	93 728 km	发动机型号	1.8 L	变速器型号	CVT

故障现象描述：一辆 2005 款丰田汽车，客户反映刚做完保养后第二天早晨启动发动机时，在发动机舱有异响，打电话救援并拖车至门店。

故障原因分析：发动机异响大多是机械部件造成的，但也有例外。针对这种故障不能盲目下结论进行拆卸，需仔细进行诊断。
（1）先不启动发动机，进行初步外观检查。
（2）验证故障现象。
（3）从异响的部分进行分析判断

故障排除过程：了解客户描述后，着手进行故障排除。
（1）先不启动发动机，进行初步外观检查。
（2）启动发动机，发现没有客户描述的异响。
（3）模拟客户出现故障的环境（早晨）进行启动，异响声出现，为气门异响。
（4）查阅更换机油等级为 5W-20，实际更换为 5W-30，重新更换机油第二天试车，故障消除

故障总结：这是由于服务专员在推荐机油时，不了解具体车型特性造成发动机异响，技师在更换机油时也未对车型进行核对

案例二

故障主题	发动机机油灯亮			
品牌/车型	丰田	年款/VIN	2009	
行驶里程	132 925 km	发动机型号	1.8 L	变速器型号	CVT

故障现象描述：一辆 2009 款丰田汽车，客户反映刚做完保养后在高速上发动机机油灯闪烁，打电话救援并拖车至门店

故障原因分析：发动机机油灯闪烁故障的原因较多，常见的有以下几种。
（1）机油加注量不够。
（2）油路堵塞。
（3）机油品质不达标。
（4）线路故障

故障排除过程：了解客户描述后，着手进行故障排除。
（1）首先根据客户描述对外观进行检查。
（2）在进行外观检查时没有发现任何问题。
（3）深入检查拆卸油底壳，发现机油集滤器堵塞

故障总结：这是由于发动机使用时间较长，发动机积炭较多，在保养时使用了发动机清洁剂造成集滤器堵塞

学习项目六 发动机吊装与竣工验收

本学习项目介绍发动机吊装与竣工验收，包括 2 个工作任务：工作任务一为发动机吊装、工作任务二为发动机竣工验收。通过 2 个工作任务的学习，掌握发动机吊装的方法和步骤，以及发动机大修后，根据国家标准进行验收的方法和步骤，并学会简单的检测技能。

工作任务一 发动机吊装

■■任务情境

一、任务描述

一辆丰田卡罗拉 GL 型轿车，进厂报修时的故障现象：发动机无法运转，经检查油底壳被撞坏，机油已经漏光，需拆卸发动机进一步检查。发动机吊装的任务就交给你和你的组员，你们能完成吗？

二、任务提示

根据故障现象，发现发动机发生严重的机械故障，需要分解发动机进一步检查，分解前必须将发动机从车上拆下，维修完成后需装回。

■■任务目标

一、知识目标

（1）能描述发动机在车上的固定方式；
（2）能描述发动机吊装的注意事项；
（3）能描述发动机相关线束及管路断开及连接的步骤。

二、能力目标

（1）能从车上进行发动机总成的拆卸；
（2）能从车上进行发动机总成的安装。

必备知识

一、基本知识

为了减少振动及噪声，发动机和车架之间的支座一般都是软连接，即采用橡胶垫连接。有些高档的车型会使用充注硅油的胶垫，部分车型为了限制发动机的位移，还会采用带胶套的限位杆或液压限位杆。

发动机支座的构造是两片金属片与橡胶硫化在一起，类似三明治结构；两片金属片，一片与发动机连接，一片与车架或副车架连接，如图 6-1-1 所示。

图 6-1-1　发动机支座

二、基本技能

下面以丰田卡罗拉 1ZR-FE 发动机为例，介绍发动机吊装的步骤。

（1）准备工作。

① 防护装备：工作服、工作帽、手套、劳保鞋。

② 车辆、台架、总成：卡罗拉整车或同类车型。

③ 车间设备：举升机、发动机吊机、钢丝绳、油盆。

④ 专用工具：轮毂螺母拆卸工具 SST 09930-00010，拉杆球头拆卸工具 SST 09960-20010（09961-02060），半轴拆卸工具 SST 09520-00031、09520-01010。

⑤ 测量工具：游标卡尺。

⑥ 手工工具：拆装工具一套。

⑦ 辅助材料：翼子板布和前格栅布、三件套、记号笔、抹布等。

（2）发动机拆卸。

以下步骤仅供参考，请根据实际情况操作，参照维修手册及本书其他内容。

① 燃油系统泄压。

a. 拆卸后排座椅，如图 6-1-2 所示。

b. 拆卸后地板检修孔盖（燃油泵位置），如图 6-1-3 所示。

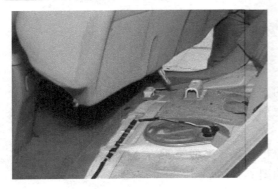

图 6-1-2　拆卸后排座椅

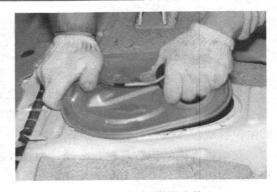

图 6-1-3　拆卸检修孔盖

c. 将油泵连接器从燃油吸油管总成上断开，如图 6-1-4 所示。

图 6-1-4　断开油泵连接器

d. 启动发动机。在发动机自燃停止后，将点火开关置于 OFF 位置。

e. 再次启动发动机，确认发动机不启动。

② 端正车辆方向，使车辆朝向正前方。

可以用座椅安全带或方向盘固定器固定方向盘以防止转动，如图 6-1-5 所示。

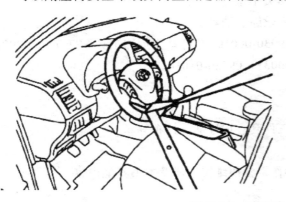

图 6-1-5　方向盘打正并固定

提示：该操作有助于防止损坏螺旋电缆。

③ 拆卸前轮。

使用 21 mm 套筒扳手先对角手动拧松螺母，然后用气动扳手对角拆下轮毂螺母，并拆下车轮，如图 6-1-6 所示。

图 6-1-6　拆卸前轮

④ 拆卸发动机后部左右侧底罩、发动机 1 号底罩，如图 6-1-7 所示。

图 6-1-7　拆卸发动机底罩

⑤ 排空发动机冷却液。

拆下散热器储液罐盖，松开散热器放水螺塞，如图 6-1-8 所示。

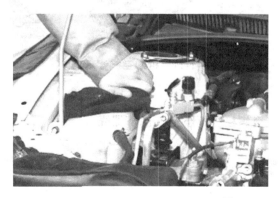

图 6-1-8　排放冷却液

提示： 把冷却液收集到容器中，根据你所在地区的法规进行冷却液报废处理。

注意： 在发动机和散热器还没有冷却下来时，不要拆下散热器储液罐盖。这是因为加压的热发动机冷却液和蒸气可能会释放出来并导致严重烫伤。

⑥ 排空变速器油。

从手动变速器壳上拆下放油螺塞分总成和衬垫，如图 6-1-9 所示。

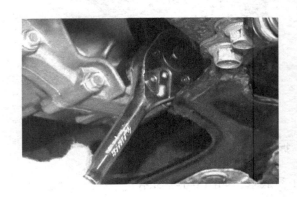

图 6-1-9　排空变速器油

提示： 把手动变速器油收集到容器中，根据你所在地区的法规进行变速器油报废处理。

⑦ 拆卸散热器上空气导流板，如图 6-1-10 所示。

⑧ 拆卸空气滤清器盖。

如图 6-1-11 所示，拆卸滤清器盖，将空气滤清器滤芯从空气滤清器上分离。

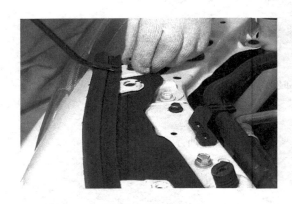

图 6-1-10　拆卸散热器上空气导流板　　　图 6-1-11　拆卸空气滤清器盖

⑨ 拆卸空气滤清器盖壳。

如图 6-1-12 所示，从空气滤清器壳上拆下 3 个螺栓，拆下空气滤清器壳。

⑩ 拆卸蓄电池，如图 6-1-13 所示。

a. 关闭所有用电设备和门窗，断开蓄电池端子。

b. 拆下螺栓并松开螺母。

c. 拆下蓄电池。

图 6-1-12　拆卸空气滤清器壳

图 6-1-13　拆卸蓄电池

⑪ 拆卸蓄电池托架。

a. 从蓄电池托架上取下蓄电池底座，如图 6-1-14 所示。

b. 拆下 2 个螺栓，如图 6-1-15 所示。

图 6-1-14　取下蓄电池底座

图 6-1-15　拆卸固定螺栓

c. 从蓄电池托架上分离散热器管。

d. 拆下 4 个螺栓和蓄电池托架，如图 6-1-16 所示。

图 6-1-16　拆卸蓄电池托架

⑫ 分离散热器进、出水管。

将散热器进、出水软管从气缸盖上分离，如图 6-1-17、图 6-1-18 所示。

 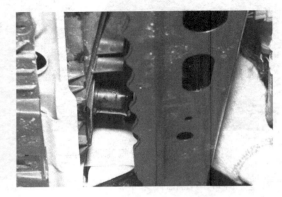

图 6-1-17　分离出水管　　　　　　　　图 6-1-18　分离进水管

⑬ 断开变速器控制拉索总成。

断开手动变速器控制拉索，如图 6-1-19 所示。

图 6-1-19　断开手动变速器控制拉索

a. 拆下 2 个卡子，并从传动桥上断开 2 条拉索。

b. 拆下 2 个卡子，并从控制拉索支架上断开 2 条拉索。

断开自动变速器控制拉索的方法如下：

a. 从控制拉索支架上断开控制拉索。

b. 拆下螺母，并将控制拉索从控制杆上断开。

c. 拆下卡子并从控制拉索支架上断开控制拉索。

d. 拆下螺栓，并断开控制拉索的卡夹。

⑭ 断开机油（ATF）冷却器软管。

仅对于自动变速器，从自动变速器上断开 2 个机油（ATF）冷却器软管。

⑮ 断开加热器出、进水管。

从加热装置上断开加热器出水、进水软管，如图 6-1-20、图 6-1-21 所示。

图 6-1-20　断开出水软管

图 6-1-21　断开进水软管

⑯ 断开燃油管分总成。

a. 松开卡爪并拆下 1 号燃油管卡夹，如图 6-1-22 所示。

b. 如图 6-1-23 所示，捏住挡片，然后将燃油管连接器从燃油管上拉出。

图 6-1-22　断开燃油管卡夹

图 6-1-23　拉出燃油管

注意：

- 进行操作前，清除燃油管连接器上的污垢和异物。
- 由于燃油管连接器有用以密封油管的 O 形圈，在断开时不要刮伤零件或让任何异物进入。
- 用手进行该操作，不要使用任何工具。
- 不要用力使尼龙管弯曲、打结或扭曲。
- 断开燃油管后，用塑料袋盖上断开连接的零件，以对其进行保护。
- 如果燃油管连接器和油管黏在一起，推拉使其松开。

⑰ 拆卸离合器分泵。

对于手动变速器的车型，拆下 5 个螺栓和离合器管支架，并分离离合器分泵（分离缸）总成，如图 6-1-24 所示。

⑱ 拆卸发动机控制模块线束以及所有线束连接。

a. 将杆向上拉，并断开发动机控制模块的连接器，如图 6-1-25 所示。

图 6-1-24　拆卸离合器分泵　　　　　　　图 6-1-25　断开控制模块线束连接器

b. 拆卸其他线束连接器，确保车身和发动机之间没有连接任何线束，如图 6-1-26 所示。

⑲ 拆卸排气管总成。

断开空燃比传感器（前氧传感器）连接器，并拆卸排气管总成，确保发动机和排气管没有任何连接，如图 6-1-27 所示。

图 6-1-26　拆卸线束相关的螺栓和连接器　　　　图 6-1-27　拆卸排气管总成

⑳ 拆卸左、右前桥轮毂螺母。

如图 6-1-28 所示，施加制动的同时，拆下前桥轮毂螺母。

注意：完全松开前桥轮毂螺母的锁紧部件，否则可能会损坏半轴的螺纹。

㉑ 拆卸左、右轮速传感器。

如图 6-1-29 所示，拆下螺栓和卡夹，并分离前轮轮速传感器。

图 6-1-28　拆卸左、右前桥轮毂螺母　　　　　图 6-1-29　拆卸轮速传感器

注意： 确保将前轮轮速传感器与带螺旋弹簧的前减振器完全分离。

㉒ 分离左、右横拉杆球头分总成。

a. 拆下开口销和螺母，如图 6-1-30 所示。

图 6-1-30　拆卸拉杆球头开口销和螺母

b. 将 SST（SST 09960-20010、09961-02060）安装至横拉杆球头，如图 6-1-31 所示。

图 6-1-31　拆卸拉杆球头

注意： 确保横拉杆接头上端与 SST 对准。

c. 用 SST 从转向节上分离横拉杆接头。

㉓ 分离左、右稳定杆连杆总成。

从螺旋弹簧的前减振器上拆下螺母，并分离稳定杆连接总成，如图 6-1-32 所示。

图 6-1-32　分离连杆总成

提示： 如果螺栓随螺母一起转动，则使用六角扳手（6 mm）固定双头螺栓。

㉔ 分离左、右前下悬架臂。

如图 6-1-33 所示，拆下螺栓和 2 个螺母，分离前下悬架臂。

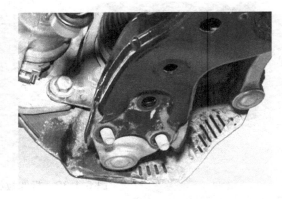

图 6-1-33　分离下悬架臂

㉕ 拆卸制动器。

如图 6-1-34 所示，拆卸制动器和制动片。

㉖ 分离减振器。

如图 6-1-35 所示，拆卸 2 个螺栓，分离减振器。

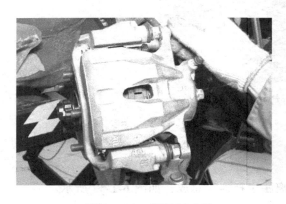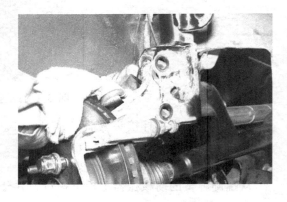

图 6-1-34　拆卸制动器　　　　　　　　图 6-1-35　分离减振器

㉗ 分离半轴内侧万向节。

如图 6-1-36 所示，分离半轴内侧万向节。

㉘ 拆卸半轴总成。

a. 用记号笔在半轴和车桥轮毂上做装配标记，如图 6-1-37 所示。

b. 使用塑料锤，断开左前桥总成，如图 6-1-38 所示。

注意： 不要损坏防尘套和转速传感器转子。

c. 拆下右前半轴，如图 6-1-39 所示。

图 6-1-36　分离半轴内侧万向节

图 6-1-37　在半轴和车桥轮毂上做装配标记

图 6-1-38　断开前桥总成

图 6-1-39　拆卸右前半轴

㉙ 拆卸左前半轴。

参照拆卸右前半轴方法拆下左前半轴。

㉚ 分离发动机前悬置隔振垫。

拆下螺栓和螺母，将隔振垫与发动机前悬支架分离，如图 6-1-40 所示。

㉛ 分离发动机后悬置隔振垫。

拆下螺栓，分离发动机后悬置隔振垫，如图 6-1-41 所示。

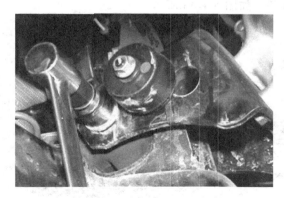

图 6-1-40　分离前悬置隔振垫

图 6-1-41　分离后悬置隔振垫

㉜ 拆卸发动机盖总成。

a. 断开清洗器软管总成，如图 6-1-42 所示。

图 6-1-42　断开清洗器软管

b. 拆下 4 个螺栓和发动机盖，如图 6-1-43 所示。

图 6-1-43　拆卸发动机盖

㉝ 拆卸雨刮臂总成。

拆下左、右 2 个螺母及前刮水器臂和刮水片总成，如图 6-1-44 所示。

㉞ 拆卸前围板密封条。

分离 7 个卡子并拆下发动机盖至前围板密封条，如图 6-1-45 所示。

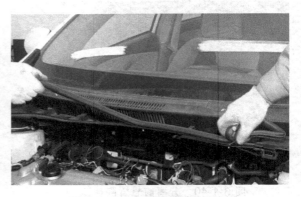

图 6-1-44　拆卸雨刮臂总成　　　　图 6-1-45　拆卸前围板密封条

㉟ 拆卸前围板上通风栅板。

分离卡子和 14 个卡爪，分别拆下左、右前围板上通风栅板，如图 6-1-46 所示。

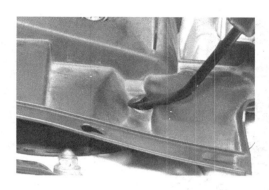

图 6-1-46　拆卸前围板上通风栅板

㊱ 拆卸刮水器电机总成。

断开连接器，拆下 2 个螺栓和挡风玻璃刮水器电机及连杆总成，如图 6-1-47 所示。

图 6-1-47　拆卸刮水器电机及连杆总成

㊲ 拆卸前围上外板。

分离卡夹，拆下 10 个螺栓和前围上外板，如图 6-1-48 所示。

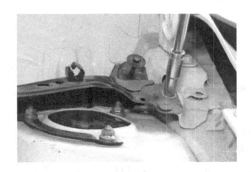

图 6-1-48　拆卸前围上外板

㊳ 安装发动机吊架。

用 2 个螺栓安装 2 个发动机吊架，扭矩为 43 N·m，如图 6-1-49 所示。

图 6-1-49　安装发动机吊架

㊴ 分离发动机左、右侧悬置隔振垫。

拆下螺栓和螺母，分离发动机左、右侧悬置隔振垫，如图 6-1-50 所示。

图 6-1-50　分离左、右侧悬置隔振垫

㊵ 拆下带变速器的发动机总成，如图 6-1-51 所示。

a. 调整发动机吊机至合适的起吊位置。

b. 安装发动机吊绳。

c. 至少两人协助吊出带变速器的发动机总成。

d. 预先张紧发动机吊绳。

注意：保持发动机水平吊出，吊出过程要缓慢平顺且不与车辆其他部件发生干涉。

（3）发动总成安装。

① 安装带变速器的发动机总成，如图 6-1-52 所示。

a. 将带变速器的发动机总成用吊绳吊在发动机吊机上。

b. 操作发动机吊机，将带传动桥的发动机总成吊至发动机左侧、右侧和前、后悬置隔振垫可安装的位置。

图 6-1-51　吊出发动机总成

图 6-1-52　将发动机总成安装到发动机吊机上

注意：不要使车辆举升过高。如果车辆举升过高，吊机将无法安装发动机。

● 确保发动机上没有任何配线和软管。

● 将发动机吊入车辆时，不要使其接触车辆。

c. 使用贯穿螺栓和螺母，安装发动机左侧悬置隔振垫，扭矩为 56 N·m，如图 6-1-53 所示。

d. 使用螺栓和 2 个螺母，安装发动机右侧悬置隔振垫，如图 6-1-54 所示。螺母 A 扭矩为 95 N·m、螺母 B 扭矩为 52 N·m、螺栓扭矩为 95 N·m。

图 6-1-53　安装发动机左侧悬置隔振垫

图 6-1-54　安装发动机右侧悬置隔振垫

e. 用贯穿螺栓，将发动机后悬置隔振垫安装至发动机悬置支架，扭矩为 95 N·m，如图 6-1-55 所示。

f. 用螺栓和螺母，将发动机前悬置隔振垫安装至发动机悬置支架，扭矩为 145 N·m，如图 6-1-56 所示。

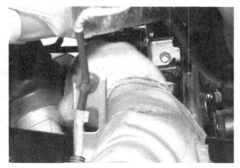

图 6-1-55　安装发动机后悬置隔振垫

图 6-1-56　安装发动机前悬置隔振垫

② 安装半轴内侧万向节，如图 6-1-57 所示。

a. 在内侧万向节轴的花键上涂抹齿轮油。

b. 对齐花键，并用铜棒和锤子敲入半轴。

注意：将卡环开口侧朝下放置，注意不要损坏油封、防尘套和防尘罩。

③ 安装左、右半轴。

如图 6-1-58 所示，对准装配标记，并将前桥半轴总成连接至左前桥总成。

图 6-1-57　安装左前、右前半轴总成　　图 6-1-58　安装左、右半轴

④ 安装减振器。

如图 6-1-59 所示，安装减振器螺栓，扭矩为 240 N·m。

图 6-1-59　安装减振器螺栓

⑤ 安装左、右稳定杆连杆总成。

用螺母将前稳定杆连杆总成安装至带螺旋弹簧的前减振器，扭矩为 74 N·m，如图 6-1-60、图 6-1-61 所示。

注意：如果球节随螺母一起转动，则使用六角扳手（6 mm）固定双头螺栓。

⑥ 连接左、右前横拉杆球头分总成。

图 6-1-60　安装左、右稳定杆连杆总成（一）

图 6-1-61　安装左、右稳定杆连杆总成（二）

a. 用螺母将左侧横拉杆球头分总成连接至转向节，扭矩为 49 N·m，如图 6-1-62 所示。

注意：如果开口销未对齐，则将螺母进一步拧紧，最多可拧紧 60°。

b. 安装新的开口销，如图 6-1-63 所示。

图 6-1-62　连接左、右前横拉杆球头

图 6-1-63　安装新的开口销

⑦ 安装左、右前轮速传感器。

用螺栓将前轮转速传感器安装至转向节，扭矩为 8.5 N·m，如图 6-1-64 所示。

⑧ 安装制动器。

安装制动器、制动片等，如图 6-1-65 所示。

图 6-1-64　安装轮速传感器

图 6-1-65　安装制动器

⑨ 安装左、右前下悬架臂。

用螺栓和 2 个螺母将前下悬架臂连接至前下球节，扭矩为 89 N·m，如图 6-1-66 所示。

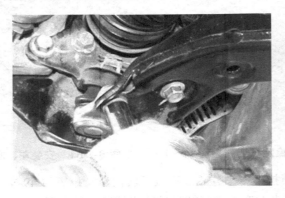

图 6-1-66 安装左、右前下悬架臂

⑩ 安装排气管总成。

分别安装排气歧管垫、排气歧管、排气歧管隔热垫、氧传感器连接器和线束卡夹等，如图 6-1-67 所示。

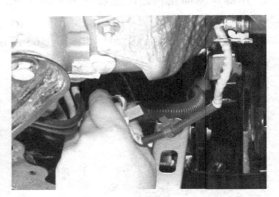

图 6-1-67 安装排气歧管

⑪ 用卡夹连接散热器进、出水管，如图 6-1-68 所示。

图 6-1-68　连接散热器进、出水管

⑫ 安装离合器分泵。

用 5 个螺栓和离合器管支架，安装离合器分离缸（分泵）总成，螺栓 A 扭矩为 12 N·m、螺栓 B 扭矩为 12 N·m、螺栓 C 扭矩为 8.0 N·m，如图 6-1-69 所示。

图 6-1-69　安装离合器分泵

⑬ 安装变速器控制拉索。

将变速器控制拉索安装至控制拉索支架，如图 6-1-70 所示。

图 6-1-70　安装变速器控制拉索

⑭ 用卡夹连接加热器进、出水管，如图 6-1-71 所示。

图 6-1-71　连接加热器进、出水管

⑮　连接燃油管分总成。

a. 连接燃油管连接器和燃油管，以及拆卸相关管路，如图 6-1-72 所示。

注意：将燃油管连接器和管对准，然后将燃油管连接器推入，直至夹持器发出"咔嗒"声。如果连接过紧，则在燃油管顶部涂抹少量发动机机油。连接后，拉动燃油管和连接器，以确保连接牢固。

b. 接合卡爪并安装 1 号燃油管卡夹，如图 6-1-73 所示。

图 6-1-72　连接燃油管连接器和燃油管　　　　图 6-1-73　安装 1 号燃油管卡夹

⑯　安装蓄电池托架。

用 4 个螺栓安装蓄电池托架，扭矩为 19 N·m，如图 6-1-74 所示。

⑰　安装线束。

用螺栓和卡夹安装所有拆卸的线束和连接器，如图 6-1-75 所示。

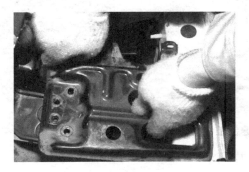

图 6-1-74　安装蓄电池托架　　　　　　　　图 6-1-75　安装线束

⑱ 安装空气滤清器盖和壳总成，如图 6-1-76 所示。

图 6-1-76　安装空气滤清器盖和壳总成

⑲ 安装前围上外板。

用 10 个螺栓安装前围上外板，扭矩为 8.8 N·m，如图 6-1-77 所示。

图 6-1-77　安装前围上外板

⑳ 安装挡风玻璃刮水器电动机及连杆总成。

a. 用 2 个螺栓安装挡风玻璃刮水器电动机及连杆总成，连接连接器，扭矩为 5.5 N·m，如图 6-1-78 所示。

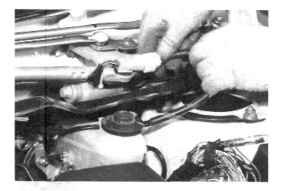

图 6-1-78　安装刮水器电动机及连杆

b. 接合卡子和 8 个卡爪，并安装左前围板上通风栅板，如图 6-1-79 所示。

c. 接合卡子和 14 个卡爪，并安装右前围板上通风栅板，如图 6-1-80 所示。

图 6-1-79　安装左前围板上通风栅板　　　图 6-1-80　安装右前围板上通风栅板

d. 安装发动机盖至前围板上，密封，如图 6-1-81 所示。

e. 安装其他拆卸的部件，并测试雨刮电机功能是否正常，如图 6-1-82 所示。

 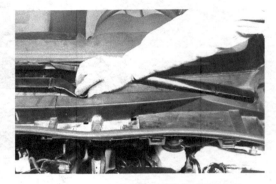

图 6-1-81　安装密封条　　　　　　　　图 6-1-82　安装其他部件并测试功能

㉑ 安装发动机盖总成。

a. 安装 4 个螺栓和发动机盖，扭矩为 13 N·m，如图 6-1-83 所示。

b. 移动发动机盖，调节发动机盖和前翼子板之间的间隙。

c. 连接清洗器喷水管，如图 6-1-84 所示。

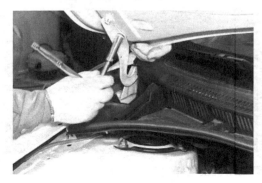 

图 6-1-83　安装发动机盖　　　　　　　图 6-1-84　连接喷水管

㉒ 安装油泵连接器及检修孔盖。

安装油泵连接器和检修孔盖，并安装后排座椅，如图 6-1-85 所示。

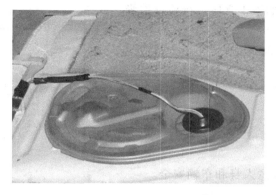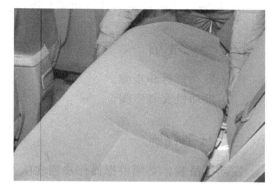

图 6-1-85　安装油泵连接器等

㉓ 安装左、右轮毂螺母，如图 6-1-86 所示。

a. 用非残留性溶剂清洗半轴和车轮轮毂螺母的螺纹部分。

注意： 使用新半轴时，一定要执行该作业，保持螺纹部位没有油和异物。

b. 使用套筒扳手（30 mm）安装新车桥轮毂螺母，扭矩为 216 N·m。

c. 使用锤子和冲子锁紧前桥轮毂螺母。

d. 安装前轮。

㉔ 安装蓄电池，如图 6-1-87 所示。

图 6-1-86　安装左、右轮毂螺母　　　　　图 6-1-87　安装蓄电池

a. 安装蓄电池卡夹，螺栓扭矩为 17 N·m、螺母扭矩为 3.5 N·m。

b. 安装蓄电池端子，扭矩为 5.4 N·m。

㉕ 加注变速器油、冷却液、发动机机油。

根据实际情况，加注排放的油液并检查（参照维修手册和相关资料）。

㉖ 检查燃油是否泄漏。

检查并确认燃油系统有无燃油泄漏。如果燃油泄漏，必要时维修或更换零件。

㉗ 检查废气是否有泄漏。

启动发动机，观察排气管接口处是否有泄漏，如有应进行维修或更换。

㉘ 安装发动机底罩和左、右底罩。

㉙ 安装散热器上空气导流罩。

㉚ 检查发动机怠速等其他功能是否正常，如不正常应进行检查维修。

三、学习小结

（1）发动机拆卸步骤。

（2）发动机安装步骤。

四、任务评估

发动机吊装，必须根据操作步骤实施，并注意人身和车辆安全。

五、自我评估

1. 填空题

（1）为了减少振动及噪声，一般都是_____连接，即_____连接。

（2）高端车型会使用_____的胶垫。

（3）发动机支架一般的构造是两片金属片与橡胶硫化在一起，类似三明治结构，两片金属片，一片与_____连接，一片与_____架连接。

（4）在拆卸发动机之前必须关闭所有_____和_____，确保点火开关处于_____位置。

（5）在断开蓄电池之前，必须注意记录_____位置信息以及_____。

2. 判断题

（1）所有发动机既可以从下面吊装也可以从上面吊装。（　　　）

（2）吊下发动机前应排尽车辆上的油水，如方向助力油、机油等，冷却液可以不用排。（　　　）

（3）如果从下面吊装发动机，完毕后还要做四轮定位。（　　　）

（4）安装完发动机，还应恢复车辆的设置，如音响、座椅等。（　　　）

（5）吊装发动机过程中绝不允许制冷剂排放到大气中。（　　　）

3. 选择题

（1）下列说法正确的是（　　　）。

    A. 发动机吊装一般是和变速器一起进行吊装

    B. 发动吊装一般是发动机单独进行吊装

    C. 只是单独的发动机吊装可以不用试车

    D. 以上都不正确

（2）关于油液说法正确的是（　　　）。

    A. 在发动机吊装中，制冷剂必须回收

    B. 在发动机吊装中，冷却液可以直接排放到下水道里

    C. 在发动机吊装中，机油可以重复使用

D. 在发动机吊装中，冷却液可以重复使用

（3）下列说法正确的是（　　　）。

A. 只是吊装发动机可以不用拆卸转向机连接处

B. 手动挡车型最后还要添加制动液及排气

C. 冷却液加注后是不用排气的

D. 以上都不正确

工作任务二　发动机竣工验收

▰任务情境

一、任务描述

一辆丰田卡罗拉 GL 型轿车，发动机已经进行大修，你的主管让你对发动机进行竣工检验，你能完成吗？

二、任务提示

根据国家标准，对发动机进行竣工验收。

▰任务目标

一、知识目标

（1）能描述发动机检验的国家标准；

（2）能描述发动机大修竣工检验的具体项目；

（3）能描述发动机就车检查的步骤。

二、能力目标

（1）能对发动机大修后进行验收；

（2）能对发动机大修验收结果进行评判；

（3）能对发动机进行就车检查。

▰必备知识

一、基本知识

1. 术　语

（1）汽车发动机大修质量检查评定：对汽车发动机大修竣工质量和发动机大修过程中基

本检验技术文件完善程度的综合评价。

（2）汽车发动机大修竣工质量：汽车发动机大修竣工后恢复其完好技术状况和寿命的程度。

（3）发动机大修竣工检验单：汽车发动机大修竣工后，由汽车维修检验技术人员对发动机的技术状况进行技术鉴定的记录。

（4）发动机大修合格证：大修竣工的发动机，经过技术鉴定符合相应的标准后所开具的质量凭证。

2. 检验内容

（1）基本检验技术文件。

① 汽车发动机大修进厂检验单，如表 6-2-1 所示。

表 6-2-1　汽车发动机大修进厂检验单

进厂日期		进厂编号	
厂牌车型		车牌照号码	
发动机型号		发动机号码	
送修单位		单位地址	
联系电话		送修人	
用户报修项目及发动机现状	维修前使用此发动机的驶入或拖入 总行驶里程/km 已进行发动机大修_____次 进厂前主要问题是 此次要求		
发动机主要修理问题及重点修理部位			
发动机外观及装备（完整"○"，缺少"△"，损坏"×"）			
检验项目	检验结果	检验项目	检验结果
空气滤清器		各传感器	
燃油滤清器		机油散热器及管道	
机油滤清器		加机油口盖	
喷油器（电控）		机油尺、放油塞	
机油泵		水泵	
燃油泵		风扇电机	
气缸体、气缸盖		风扇皮带	
进、排气歧管		风扇叶片	
起动机		排气管、消声器	
发电机		尾气净化器	
火花塞		油管、真空管	
备注：			

进厂检验员：_____ _____年____月___日

② 汽车发动机大修工艺过程检验单，如表 6-2-2 所示。

表 6-2-2　汽车发动机大修工艺过程检修单

进厂编号		厂牌车型		牌照号码	
发动机编号		施工日期		主修人	

主要零部件换修记录					
部件名称	续用	更换	修理	加大	缩小
气缸体					
气缸盖					
气缸套					
进、排气歧管					
活塞					
曲轴					
曲轴轴承					
连杆轴承					
凸轮轴					
凸轮轴轴承					
气门					
气门导管					
正时皮带（齿轮）					

气缸直径检验记录/mm												
气缸直径	1缸		2缸		3缸		4缸		5缸		6缸	
	纵	横	纵	横	纵	横	纵	横	纵	横	纵	横
上部												
中部												
下部												
圆度												
圆柱度												

活塞连杆组检验记录/mm						
活塞直径	1 缸	2 缸	3 缸	4 缸	5 缸	6 缸
横向						
纵向						
活塞环（开口）						
活塞质量/g						
活塞、连杆组质量/g						
活塞与缸壁间隙						

曲轴与轴承检验记录/mm								
曲轴		1	2	3	4	5	6	7
主轴径	圆度							
	圆柱度							
连杆轴径	圆度							
	圆柱度							
主轴径与轴承配合间隙								
连杆轴径与轴承配合间隙								
曲轴端隙								

凸轮轴及轴承检验记录/mm				
凸轮轴	1	2	3	4
轴径直径				
轴径与轴承配合间隙				
凸轮升程				

备注：

过程检验员：_____　_____年____月____日

③ 汽车发动机大修竣工检验单，如表 6-2-3 所示。

表 6-2-3　汽车发动机大修竣工检验单

进厂编号		厂牌车型		车牌照号码	
发动机编号		竣工日期		主修人	
发动机外观、装备及性能					
检验内容及结果					
发动机外观：		怠速转速/r·min^{-1}			
喷（涂）漆：		运转状况			
		怠速	中速	高速	加速及过度
四漏检查		发动机异响			
油　水　电　气					
螺栓螺母：		机油压力/MPa			
		怠速		高速	
润滑油：		气缸压力/MPa			
		1　2　3　4　5　6　7　8			
		气缸压力差/MPa			
空滤器：		调速率：			
限速装置：		排放污染物：			
电控系统有无故障码显示：		发动机噪声：			
启动性能：		额定功率/kW		最大转矩/N·m	
		发动机燃油消耗率/g（kW·h）$^{-1}$			
备注：					

竣工检验员：＿＿＿＿＿＿＿＿＿＿＿＿年＿＿＿＿月＿＿＿日

④ 汽车发动机大修合格证。

承修单位必须为出厂大修发动机出具大修合格证且加盖公章和质检章，如图 6-2-1 所示。

机
动
车
维
修
竣
工
出
厂

合

格

证

图 6-2-1　合格证

⑤ 技术文件要求，如表 6-2-4 所示。

表 6-2-4　技术文件

序　号	评定项目	评定技术要求	检查方法与手段	评定方法	备　注
A1.1	发动机大修进厂检验单	（1）发动机大修进厂检验单应包括下列内容： 进厂编号、发动机型号及号码、进厂日期、托修单位、托修方报修情况、发动机附件状况、发动机运转情况、检验日期、承修方处理意见、检验员签字。 （2）单中字迹应清晰，项目应齐全、完整，填写真实、正确	查阅	单据中各项有一处不符合要求，则计一项次不合格	
A1.2	发动机大修工艺过程检验单	（1）发动机大修工艺过程检验单应包括下列内容： 进厂编号、发动机型号及号码、基础件和主要零部件的检验数据、检验结果记录、检验结论、处理意见、主修人签字及日期、检验员签章及日期等。 （2）检验单中字迹应清晰，项目齐全、完整，填写真实、正确。 检验项目、名词术语和计量单位、基础件和主要零部件的检验项目、技术要求应符合国家及行业有关标准及原厂规定	查阅	单据中各项有一处不符合要求，则计一项次不合格	
A1.3	发动机大修竣工检验单	（1）发动机大修竣工检验单应包括下列内容： 进厂编号、托修单位、承修单位、发动机型号及号码、装备及装配检验、性能检验、检验结论、总检验员签章及日期等。 （2）检验单中字迹应清晰，项目齐全、完整，填写真实、正确。 检验项目、要求、方法、名词术语和计算单位应符合国家、行业有关标准及相关车辆修理技术文件的有关规定	查阅、核对	单据中各项有一处不符合要求，则计一项次不合格	
A1.4	发动机大修合格证	（1）发动机大修合格证应包括下列内容： 进厂编号、发动机型号及号码、出厂日期、总检验员签章及日期、走合期规定、保证期规定、维修合同号、承修单位技术质量检验部门盖章。 （2）合同中字迹应清晰，项目齐全、完整，填写真实、正确。 合同中名词术语应符合国家及行业有关标准中的规定	查阅、核对	合格证中各项有一处不符合要求，则计一项次不合格	

（2）检验内容。

汽车发动机大修竣工后质量评定应包括启动运转检查，动力性、经济性测定，发动机四漏及涂漆等，如表 6-2-5 所示。

表 6-2-5 发动机检验内容

序　号	评定项目	评定技术要求	检查方法与手段	评定方法	备　注
B1.1	装备与装配	发动机装备齐全、有效，装配符合 GB/T 3799 中的有关规定	检视	有一处以上缺陷则为不合格	
B1.2	启动性能				
B1.2.1*	冷车启动	在环境温度不低于 −5 ℃ 时，应启动顺利，允许连续启动不多于 3 次，每次启动不多于 5 s	检视	启动超过 3 次或多于 5 s 均为不合格	
B1.2.2	热车启动	在发动机正常工作温度下 5 s 内能启动	检视	不符合要求为不合格	
B1.3	真空度				
B1.3.1	真空度数值	汽油发动机怠速时，进气歧管真空度应为 57 ～ 70 kPa	用转速表、真空计检查（大气压强以海平面为准）	不符合规定为不合格	
B1.3.2	真空度波动范围	发动机怠速时，进气歧管真空度波动：6 缸汽油机不超过 3 kPa，4 缸汽油机不超过 5 kPa	用转速表、真空计检查（大气压强以海平面为准）	不符合规定为不合格	
B1.4	气缸压力				
B1.4.1*	压力数值	气缸压力应符合原设计规定	用转速表、气缸压力表检查	不符合规定为不合格	
B1.4.2	各缸压力差	每缸压力与各缸平均压力的差：汽油机不超过 8%，柴油机不超过 10%	用转速表、气缸压力表检查或用发动机分析仪测量	不符合规定为不合格	
B1.5	发动机运转情况				
B1.5.1	怠速	发动机怠速运转稳定，其转速符合原设计规定，转速波动不大于 50 r/min	用转速表进行运转试验或用发动机综合分析仪测量	不符合规定为不合格	
B1.5.2	改变转速	发动机改变转速时应过渡圆滑	用发动机转速表测量	不符合要求为不合格	
B1.5.3	加速或减速	发动机突然加速或减速时不得有突爆声，不得有断火、回火、放炮现象	检视	不符合要求为不合格	
B1.6	异响	发动机在正常工况下运转时，不得有异常响声	检视或用发动机异响分析仪检查	不符合要求为不合格	

序　号	评定项目	评定技术要求	检查方法与手段	评定方法	备　注
B1.7*	功率	发动机最大功率不得低于原设计规定值的90%	用测功机（仪）按有关规定测量	不符合要求为不合格	B1.7、B1.8项只检查其中之一
B1.8*	扭矩	发动机最大扭矩不得低于原设计标定值的90%	用测功机（仪）按有关规定测量	不符合要求为不合格	
B1.9*	燃料消耗率	发动机最低燃料消耗率不得高于原设计要求	用油耗计、测功机（仪）按有关规定测量	不符合要求为不合格	
B1.10*	排放	汽油机排放应符合GB 14761.5 的规定，柴油机排放应符合 GB 14761.6 的规定	按 GB/T 3845、GB/T 3846 规定测量	不符合规定为不合格	
B1.11	机油压力	发动机机油压力应符合原设计规定	用机油表进行运转试验	不符合规定为不合格	
B1.12	水温、油温	发动机水温、油温应符合原设计规定	用水温表、油温表进行试验	不符合规定为不合格	
B1.13	润滑油	发动机润滑油规格、数量、质量应符合原设计规定	检视或用润滑油质分析仪检查	不符合要求为不合格	
B1.14*	四漏情况	发动机应无漏水、漏油、漏气、漏电现象	检视	不符合要求为不合格	
B1.15	停机装置	柴油发动机停机装置应灵活有效	检视	不符合要求为不合格	
B1.16	限速装置	发动机应按规定加装限速片或对限速装置作相应的调整并加铅封	检视	不符合要求为不合格	
B1.17	涂漆	发动机应按规定涂漆，涂层均匀，不得有漏涂现象	检视	有两处以上缺陷为不合格	

二、基本技能

根据之前所学的知识和技能，结合以下步骤，对发动机进行就车检查。

（1）准备工作。

① 防护装备：工作服、工作帽、手套、劳保鞋。

② 车辆、台架、总成：卡罗拉整车或同类车型。

③ 车间设备：举升机。

④ 检测工具：诊断仪、尾气分析仪、气缸压力表。

⑤ 测量工具：无。

⑥ 手工工具：拆装工具一套。

⑦ 辅助材料：翼子板布和前格栅布、三件套、抹布等。

（2）检查步骤。

① 检查发动机冷却液。

② 检查发动机机油。

③ 检查蓄电池。

④ 检查空气滤清器滤芯分总成。

⑤ 检查火花塞。

⑥ 检查传动皮带。

⑦ 检查气门和调节器噪声。

多次提高发动机转速，检查并确认发动机未发出异常噪声。如果发出异常噪声，则使发动机暖机并怠速运转 30 min 以上，然后再进行以上检查。检查过程中如果发现任何故障，则检查间隙调节器。

⑧ 诊断仪器诊断。

a. 暖机并停止发动机。

b. 将智能检测仪连接到诊断座。

c. 启动发动机。

d. 读取故障码和数据流。

e. 在怠速下检查点火正时，点火正时为 8° ~ 12° BTDC。

注意：

● 关闭所有电气系统和空调。

● 在冷却风扇关闭时，检查点火正时。

● 检查点火正时时，将变速器换至空挡。

f. 检查发动机怠速转速，怠速转速为 600 ~ 700 r/min。

注意：

● 关闭所有电气系统和空调。

● 在冷却风扇关闭时，检查怠速转速。

● 检查怠速转速时，将变速器换至空挡或驻车挡。

g. 将点火开关置于 OFF 位置。

h. 从诊断座上断开智能检测仪。

⑨ 检查气缸压缩压力，如图 6-2-2 所示。

检查气缸压力的前提条件包括暖机并停止发动机、拆下 2 号气缸盖罩、拆下 4 个点火线圈、拆下 4 个火花塞、断开 4 个喷油器连接器、检查气缸压缩压力。

a. 将压力表插入火花塞孔。

b. 将节气门全开。

c. 发动机运转时，测量压缩压力，压缩压力为 1 373 kPa，最小压力为 1 079 kPa，各气缸间的压差为 98 kPa 或更低。

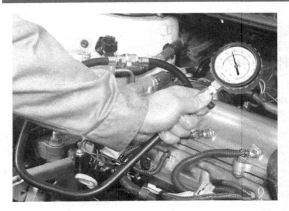

图 6-2-2　检查气缸压力

注意：
- 使用完全充电的蓄电池，以使发动机转速能提高到 2 500 r/min 或更高。
- 用同样的方法检查其他气缸的压缩压力。
- 在尽可能短的时间内测量压缩压力。

d. 如果气缸压缩压力偏低，通过火花塞孔往气缸中注入少量的发动机机油并再次检查。

提示：
- 如果添加机油后压力增大，则活塞环或缸径可能磨损或损坏。
- 如果压力继续偏低，气门可能卡滞或未正确就位，或可能从衬垫漏气。

⑩ 检查 CO/HC 浓度。

提示： 此项检查用于确定怠速 CO/HC 浓度是否符合规定。

a. 启动发动机。

b. 以 2 500 r/min 的转速运转发动机约 180 s。

c. 怠速运转时，将 CO/HC 测量仪测试探针插入尾管至少 40 cm。

d. 在怠速和发动机转速为 2 500 r/min 时，检查 CO/HC 浓度。

提示： 当进行 2 种模式（发动机怠速转速为 2 500 r/min）测试时，遵循相应的地方法规所规定的测量程序。

如果 CO/HC 浓度不符合规定，则按以下顺序进行故障排除。
- 检查 A/F 传感器和加热型氧传感器的工作情况。
- 参见表 6-2-6 查找可能的原因，必要时检查相应的零件并维修。

表 6-2-6　尾气分析故障原因

CO	HC	故　障	可能的原因
正常	高	怠速不稳	（1）点火故障： ① 正时不正确； ② 火花塞积炭、短路或间隙不合适。 （2）气门间隙不正确。 （3）进气门或排气门泄漏。 （4）气缸泄漏

CO	HC	故　障	可能的原因
低	高	怠速不稳（HC 读数波动）	（1）真空泄漏： ① PVC 软管泄漏； ② 进气歧管泄漏； ③ 节气门体泄漏； ④ 制动助力器管路泄漏。 （2）混合气过稀导致熄火
高	高	怠速不稳（排出黑烟）	（1）空气滤清器芯堵塞。 （2）PVC 阀堵塞。 （3）EFI 系统有故障： ① 压力调节器有故障； ② 发动机冷却液温度传感器故障； ③ 质量空气流量计故障； ④ ECM 故障； ⑤ 喷油器故障； ⑥ 节气门体故障

三、拓展知识

发动机报废，整体更换发动机的后续工作如下：

发动机更换后必须到车辆管理所对行驶证、机动车登记证进行更改。

所要提供的资料如下：

① 承修单位的车辆维修工单。

② 组织机构代码证原件及复印件（公车）。

③ 单位介绍信（车主）。

④ 单位介绍经办人的身份证原件及复印件（车主）。

⑤ 原机动车登记证原件及复印件。

⑥ 行驶证原件及复印件。

⑦ 发动机合格证。

⑧ 维修发票及复印件。

⑨ 拓车驾号及新、旧发动机号各一份。

⑩ 维修证明加盖鲜章（原件）。

四、学习小结

（1）发动机检验的国家标准。

（2）发动机大修竣工检验的具体项目。

（3）发动机就车检查的步骤。

五、任务分析

发动机竣工的验收有专门的国家标准，验收时应参照标准执行。

六、自我评价

1. 填空题

（1）汽车发动机大修竣工后，由汽车维修检验技术人员对发动机的技术状况进行技术鉴定的记录单是_____。

（2）大修竣工的发动机，经过技术鉴定符合相应的标准后所开具的质量凭证是_____。

（3）发动机大修进厂检验单应包括进厂编号、_____型号及号码、进厂日期、托修单位、托修方报修情况、发动机附件状况、发动机运转情况、_____日期、承修方处理意见、_____签字。

2. 判断题

（1）检验单中字迹应清晰，项目齐全、完整，填写真实、正确。（　　）

（2）检验项目、要求、方法、名词术语和计算单位应符合国家、行业有关标准及相关车辆修理技术文件的有关规定。（　　）

（3）在过程检验中要检验曲轴轴颈的圆度、平面度。（　　）

（4）发动机竣工检验时在环境温度不低于 0 ℃ 时，应启动顺利，允许连续启动不多于 3 次，每次启动不多于 5 s。（　　）

（5）发动机大修检验简单来说就是三单一证。（　　）

（6）在检验中三单指的是工单、检验单、试车单。（　　）

3. 选择题

（1）在发动机正常工作温度下（　　）内能启动。

　　A. 2 s　　　　　　　B. 3 s　　　　　　　C. 1 s　　　　　　　D. 5 s

（2）发动机怠速时，进气歧管真空度波动：6 缸汽油机不超过（　　），4 缸汽油机不超过（　　）。

　　A. 3 kPa、5kPa　　B. 5 kPa、3 kPa　　C. 3 kPa、3 kPa　　D. 5 kPa、2 kPa

（3）发动机大修后最大功率不得低于原设计规定值的（　　）。

　　A. 95%　　　　　　B. 75%　　　　　　　C. 90%　　　　　　D. 85%

（4）发动机大修后，发动机怠速运转应稳定，其转速符合原设计规定，转速波动不大于（　　）。

　　A. 100 r/min　　　B. 50 r/min　　　　　C. 150 r/min　　　　D. 30 r/min

（5）发动机大修后每缸压力与各缸平均压力的差，汽油机不超过（　　）。

　　A. 5%　　　　　　　B. 10%　　　　　　　C. 8%　　　　　　　D. 3%

附：案例分析

故障主题	车辆无法过户				
品牌/车型	丰田	年款/VIN	2011		
行驶里程	52 425 km	发动机型号	1.8 L	变速器型号	CVT
故障现象描述：一辆 2011 款丰田汽车，客户卖车时发现无法过户					
故障原因分析：车辆无法过户一般有以下几种情况。 （1）证件不齐。 （2）交通违规未处理。 （3）实物与证件不一致					
故障排除过程：客户描述发动机号与行驶证上的不一致。 （1）查明原因为在我单位更换发动机总成后没有更改行驶证。 （2）重新向车辆管理所提交证明及证件进行更改。 （3）车辆顺利交易					
故障总结：这是由工作人员对业务不熟悉或工作不仔细造成的，给后续工作带来极大麻烦					

参考文献

[1] 陈家瑞. 汽车构造[M]. 3 版. 北京：机械工业出版社，2009.

[2] 周龙保. 内燃机学[M]. 3 版. 北京：机械工业出版社，2011.

[3] 余志生. 汽车理论[M]. 5 版. 北京：机械工业出版社，2011.

[4] 何耀华. 汽车制造工艺[M]. 北京：机械工业出版社，2012.

[5] 王凤平. 机械制造工艺学[M]. 北京：机械工业出版社，2012.

[6] 郑为民. 汽车常见故障诊断与排除[M]. 北京：化学工业出版社，2014.

[7] 王建昕，帅石金. 汽车发动机原理[M]. 北京：清华大学出版社，2011.

[8] 星宝奥汽车维修技师编写组. 最新奥迪汽车维修实例[M]. 北京：北京科学技术出版社，2012.

[9] 钟利兰. 汽车故障诊断方法及应用实例[M]. 北京：化学工业出版社，2013.

[10] GB/T 18297-2001 汽车发动机性能试验方法[S].

[11] 袁军. 汽车关键零部件螺纹联接的扭矩加转角控制方法研究[D]. 上海：上海交通大学，2007.

[12] 张玉书. 汽车维修工具与检测设备[M]. 北京：科学出版社，2009.

[13] 徐晓齐. 大众车系故障诊断与维修案例[M]. 北京：化学工业出版社，2015.